Frei Betto/Afonso Borges Filho
Zeichen des Widerspruchs

THEOLOGIE AKTUELL 8

Frei Betto

Zeichen des Widerspruchs

Gespräche über Politik - Religion - Ordensleben -
Volksbewegungen - Jugend in Lateinamerika

herausgegeben von
Afonso Borges Filho

EDITION EXODUS
Fribourg/Brig 1989

Titel der brasilianischen Ausgabe:
Frei Betto / Afonso Borges Filho, Sinal de contradição

Alle Rechte vorbehalten
© Editora Espaço e Tempo Ltda., Rio de Janeiro 1988

Für die deutsche Ausgabe:
© Genossenschaft Edition Exodus, Fribourg / Brig 1989

Aus dem Portugiesischen übersetzt von Hannelore Oesterle-Schindler

Redaktion: Odilo Noti

Umschlag: Bernard Schlup (Gestaltung) / Widerdruck, Bern (Satz)
Satz und Druck: Fuldaer Verlagsanstalt, Fulda

ISBN 3-905575-42-6

Inhalt

Vorwort 7

Religion - Kirche - Befreiungstheologie 9
Befreiungstheologie und Marxismus / Befreiungstheologie und kirchliche Institution / Der Beitrag der Befreiungstheologie zur Entstehung des neuen Menschen / Sekten in Lateinamerika / Glaube und Politik / Zur religiösen Mystik / Die Option für die Armen / Kirchliche und gesellschaftliche Auseinandersetzungen um die Befreiungstheologie / Kunst und Religion im Befreiungsprozeß / Brasilianisches

Literatur 55
Schreiben, um zu überleben / Literarische Auseinandersetzung mit der Militärdiktatur / Wahrhaftigkeit

Persönliche Erfahrungen - ethische Fragen - politische Probleme 67
Zölibat / Bewaffneter Kampf / Gefängnis / Todesstrafe / Abtreibung / Die brasilianische Jugend

Die gesellschaftlichen Veränderungen in Kuba und in Nicaragua 80
Nachtgespräche mit Fidel / Nicaragua: politischer und wirtschaftlicher Pluralismus

Zum Verhältnis von Kirche und Politik 89
Kirchliche Basisgemeinden / Volksbewegungen / Befreiungstheologie und Sozialismus / Verschuldungskrise

Vorwort

»Die Rolle des Christen in der heutigen Zeit besteht darin, ein Zeichen des Widerspruchs zu sein«, sagte Frei Betto an jenem ruhigen Sonntagnachmittag am Ufer der Lagoa dos Ingleses, eines Sees vor den Toren der Stadt Belo Horizonte. Es war der letzte in einer Reihe von Dialogen, die zwischen uns unter den unterschiedlichsten Bedingungen stattfanden.

Von allen Gesprächen — einige verliefen etwas hektisch in den Pausen anderer Aktivitäten — ist mir die lange und besinnliche Unterhaltung an der Lagoa dos Ingleses am besten in Erinnerung geblieben. Dieser Dialog war geprägt von bewegten Momenten wie demjenigen, als Frei Betto bei der Frage nach der Wahrhaftigkeit und Aufrichtigkeit der Menschen in bezug auf ihre Arbeit den Tränen nahe war. Er konnte aber auch heftig werden, wenn er beispielsweise über die Abtreibung sprach. Bestimmte Themen wiederum waren schwierig für einen Schriftsteller, der sich um die hart zu erringende Einheit von eigenem Werk und persönlichem Weg bemüht. Frei Bettos Literatur ist in der Tat eine Weiterführung seiner pastoralen Arbeit im weitesten Sinn des Wortes. Sein Engagement in der Arbeiterpastoral von São Bernardo do Campo oder in den kirchlichen Basisgemeinden, aber auch seine »Missionsreisen« in die Welt machen es ihm nicht leicht, das Universum der sozialen Ungerechtigkeit und des Elends zu verlassen, die in der Dritten Welt vorherrschen.

Nachdem er mit Werken wie *Das Catacumbas* (Aus den Katakomben), *Cartas da Prisão* (Briefe aus dem Gefängnis) und vor allem *Batismo de Sangue* (Bluttaufe) einen wichtigen Beitrag zum Umgang mit der neuesten Geschichte Brasiliens geleistet hatte, eröffnete dieser Dominikanerbruder mit seinem Buch *Nachtgespräche mit Fidel* nun eine neue, lateinamerikanische Perspektive für die Verknüpfung von Marxismus und Religion. Danach reiste er durch die Sowjetunion und andere sozialistische Staaten, wo er zusammen mit den Brüdern Leonardo und Clodovis Boff die Anliegen der Befreiungstheologie erläuterte und darüber Gespräche führte. Nach Ansicht von Frei Betto kann die Theologie heute wirkliche Kommunikation zwischen Völkern und Kulturen ermöglichen – sogar im marxistischen Bereich. Damit vollbringt die Befreiungstheologie das Gegenteil dessen, was Fernsehen, Kommunikationsmittel und Konsumideologie tun: sie entmystifiziert, reflektiert und diskutiert.

Afonso Borges Filho

Religion – Kirche – Befreiungstheologie

Du hast deine kirchlichen Studien abgeschlossen, wolltest dich dann aber nicht zum Priester weihen lassen. Warum?
Das ist richtig, ich bin nicht Priester, sondern Ordensbruder. Ich könnte viele Gründe dafür aufzählen, möchte mich jedoch auf zwei beschränken: Die Entscheidung, mich nicht zum Priester weihen zu lassen, hat etwas mit dem Antiklerikalismus meines Vaters während meiner Kindheit und Jugend zu tun. Von ihm habe ich das Bild übernommen, wie ein Priester nicht sein darf. Vielleicht habe ich mich deshalb nicht weihen lassen, weil ich nicht sicher war, ob ich nicht irgendwann genauso würde wie jenes Priesterbild, das ihn derart erbittert hat.
Was war für ihn ein Priester?
Ein Glaubensbeamter, ein Mensch, der mehr Ähnlichkeit hat mit einem Pharisäer als mit einem Apostel Jesu, ein Bürokrat Gottes. Wenn jemand immer nur der Priester ist, dann kann er nicht Mensch sein. Hinter diesem Äußeren ahnst du nie ein pochendes Herz oder einen zweifelnden Menschen. Von meinem Vater habe ich die Furcht, einmal ein solcher Mensch zu werden. Andererseits gibt mir der Umstand, daß ich kein Priester bin, eine größere Handlungsfreiheit. Ich fühle mich nicht sehr zur Liturgie und zur Verwaltung der Sakramente berufen. So kann ich es mir beispielsweise schlecht vorstellen, eine Pfarrei zu leiten. Ich sehe mich stärker als Verkünder des Evangeliums, und dafür muß ich beweglicher sein. Die Tatsache, daß ich nicht Priester bin, bewahrt mich etwas vor den gesellschaftlichen Festtagsritualen, vor allem bei Hochzeiten. Jede Woche ruft jemand im Kloster an: »Hör mal zu, ich

werde demnächst heiraten; eigentlich hatten wir ja nicht vor, uns kirchlich trauen zu lassen, aber da ist der Druck der Familie, und nun haben wir gesagt: Wir sind einverstanden, aber nur wenn der Frei Betto uns traut, der ist fortschrittlich und ein Linker...« Die Tatsache, daß ich kein Priester bin, bewahrt mich in solchen Fällen davor, dort mitspielen zu müssen, wo gesellschaftliche Verpflichtungen mit sakramentalen Werten verwechselt werden. Dazu fühle ich mich nicht berufen. Meine Berufung liegt eher darin, Mönch zu sein.

Inwieweit kann diese Suche nach Gott im Gebet auch zu einer Entfremdung werden, zu einer Flucht vor sich selbst?
Je mehr ein Mensch im Gebet zur Begegnung mit Gott gelangt, desto stärker wird er auch sich selbst begegnen. Theologisch gesehen ist unser authentischstes Gesicht dasjenige, das wir vor Gott haben. Gott ist jemand, der in der Mitte unseres Herzens wohnt. Augustinus würde das folgendermaßen ausdrücken: »Gott ist uns näher als wir uns selbst.« Jede Erfahrung von Liebe ist auf der einen Seite eine Manifestation der Gegenwart Gottes in uns und auf der anderen Seite die Möglichkeit, diese Gegenwart lebendig auszukosten. Deshalb ist unsere Liebeserfahrung unstillbar. Sie ist immer eine Entdeckung, der Versuch, ein wenig vom Grenzenlosen zu kosten, ein Geheimnis, das enthüllt werden soll. Die Liebe ist stets ein Rätsel. Ein Geheimnis, das daher rührt, daß Gott in der Mitte unserer Existenz zutiefst gegenwärtig ist. So wie schon Galileo zu den florentinischen Fürsten gesagt hat: »Gott ist entweder im Herzen der Menschen oder er ist nirgendwo!«

Befreiungstheologie und Marxismus

Kannst du etwas zur Befreiungstheologie sagen? Es sieht so aus, als ob sie neue Wege eröffnete, und zwar sogar über die

Erwartungen hinaus, die du bei deinen Reisen in die Sowjetunion hattest.
Das Unbewußte im Menschen ist von Grund auf religiös. In der Geschichte der Menschheit hatten wir Jahrhunderte hindurch die Religion als die stärkste Struktur kulturellen Ausdrucks. Die sogenannten primitiven Völker drückten ihre Ideologie durch religiöse Kategorien aus. Erst in jüngster Zeit löste sich die Menschheit vom religiösen Gerüst des Denkens, um die vom Sakralen befreite Vernunft zu entdecken. Dies geschah im 16. und 17. Jahrhundert. Nun ist die Herrschaft der Vernunft noch sehr jung und unsicher. Und so scheint mir der Satz des Thomas von Aquin – »Die Vernunft ist die Unvollkommenheit der Einsicht« – aktueller denn je. Die menschliche Intelligenz ist weitreichender, denn sie umfaßt nicht nur die Logik, sondern auch die Intuition, die Ästhetik, das Gefühl sowie eine Reihe anderer Fähigkeiten, die der Mensch zur Wahrnehmung des Wirklichen und des Seins besitzt. Die Theologie, so sehr die moderne Vernunft auch ihren Tod beschlossen hat, erfährt eine kraftvolle Wiedergeburt und Neubelebung. Vor allem angesichts der Unfähigkeit der modernen Rationalität, auf einige grundlegende Fragen des Lebens und der Gesellschaft zu antworten.
Worin besteht das Neue der Befreiungstheologie gegenüber der theologischen Tradition?
Das ist eine gute Frage. Nimmt man die Situation der Armen als erkenntnistheoretischen Ausgangspunkt, dann bringt sie etwas Neues, denn sie ist eine neue Art, das Leben, die Geschichte, die Welt und die Gegenwart Gottes in diesem Universum zu betrachten – nämlich von der Situation und den Interessen der Volksklassen aus. Um die Mechanismen des kapitalistischen Systems genau zu erfassen, benutzt die Befreiungstheologie die marxistische Theorie. Es handelt sich, präziser formuliert, um eine *relecture* des Marxismus, die sich so nahe wie möglich an seine Quellen, an seine Klassiker zu halten versucht. So

entsakralisiert sie die marxistische Ideologie und trägt gleichzeitig zu ihrer Entdogmatisierung bei. Anders ausgedrückt, sie gibt dem Marxismus seine dialektische Dynamik zurück und befreit ihn von seinen metaphysischen Versuchungen wie dem Bekenntnis zum Atheismus oder dem Dogma von der Ewigkeit der Materie.

Im real existierenden Sozialismus ist man sich heute darüber im klaren, daß es Einschränkungen und Grenzen gibt, die nur schwer überwunden werden können. Eine davon ist die Arbeitsmotivation. Marx selbst anerkennt die Tatsache – und so sieht es auch Fidel Castro in dem mir gegebenen Interview –, daß im Sozialismus die Arbeit noch eine Gefangene der engen Grenzen des bürgerlichen Rechts ist; man muß den Arbeitern Anreize, Prämien und Beförderungen geben, damit sie die Produktivität steigern. Die einzige mir bekannte Institution, die diese Schwierigkeit überwunden hat und erreicht, daß die Mehrheit ihrer Mitglieder – nicht alle, aber ein großer Teil – ohne materielle, finanzielle oder gar Anreize im Sinne von Beförderungen und Ämtern arbeitet, das ist die Kirche. In der Kirche arbeiten Priester und Ordensfrauen hart, auch samstags und sonntags, ohne durch persönliche Anreize motiviert zu sein. Es bedeutet eine Herausforderung für den Sozialismus, diese Arbeitsmystik zu entdecken, und ebenso eine politische Bildung, die den Arbeitern eine tiefe Liebe zum Kollektiv schenkt. Ich glaube, dies ist einer der Beiträge, den die Befreiungstheologie dem Sozialismus vermitteln kann.

Die andere Begrenzung oder Herausforderung liegt in der Frage der personalen Ethik. Sie ist mit der Frage der Macht verknüpft. Die Entstehung des neuen Menschen ergibt sich nicht mechanisch aus der Struktur der sozialistischen Ordnung. Um diesen neuen Mann und diese neue Frau zu schaffen, ist ein qualitativer Sprung im menschlichen Bewußtsein nötig. Anders ausgedrückt, wie können Menschen Werte wie Gutsein, Solidarität, Liebe und Uneigen-

nützigkeit entfalten? Das sind Dinge, die der Sozialismus nicht zwangsläufig hervorbringt, auch wenn wir anerkennen müssen, daß die politische Bildung in den sozialistischen Systemen diesbezüglich Fortschritte macht. So werden die in diesen Systemen lebenden Völker stark geprägt von einem Geist der Solidarität, des Opfers und der Vaterlandsliebe. Aber auch auf der Ebene des persönlichen Lebens muß eine Antwort auf die Frage gefunden werden, wie diese personale Ethik erarbeitet werden kann. Zum Beispiel, indem man anfängt, jeglichen Geist des Konkurrenzdenkens, des Neids, der Eifersucht und der Vorurteile unter den Menschen zu entfernen, denn das sind schädliche Verhaltensweisen, die sich sowohl im Kapitalismus als auch im Sozialismus finden. Es ist klar, daß der Kapitalismus kein Interesse an deren Abschaffung hat, denn sie dienen ja der Natur des Systems, die im Wettbewerb und im Ausschluß des anderen besteht, als Stimulanz. Für den Sozialismus jedoch bleiben sie eine Herausforderung. Hierzu kann die Theologie einen Beitrag leisten, so wie auch der Marxismus für die Theologie eine enorme Hilfe darstellt, etwa bei der Abtragung der ideologischen Fettschicht, die unser Glaubensleben überdeckt.
In gewisser Weise hilft uns der Marxismus dabei, authentischer als Christen zu leben und das Evangelium, die Praxis Jesu und die Bedeutung seiner Worte besser zu beherzigen. Aber es ist auch interessant festzustellen, daß die Befreiungstheologie heute gegenüber dem offiziellen Marxismus die einzige Gesprächspartnerin darstellt, der Vertrauen entgegengebracht wird. Marxisten, die sich an der Macht befinden, zeigen im allgemeinen nur dann Vertrauen, wenn sie im Dialog mit anderen Marxisten stehen, die genauso denken wie sie selbst. Anderen gegenüber herrscht, abgesehen vom Mißtrauen gegenüber Nichtmarxisten, der Verdacht des Revisionismus. Die Theologie befindet sich jedoch in einer außergewöhnlichen Lage, denn aufgrund ihrer Glaubwürdigkeit, die sie wegen ihrer Märtyrer hat,

durch ihr Engagement für die Volksklassen und ihre Teilnahme an vielen Befreiungsbewegungen der Dritten Welt gilt sie heute in der Tat als privilegierte Gesprächspartnerin des offiziellen Marxismus. Ich glaube, dies eröffnet uns bei unserer Arbeit in den sozialistischen Ländern die Möglichkeit, an den Veränderungen, die dort im Gange sind, teilzunehmen – in Kuba unter dem Namen *Rectificación* (Berichtigung) und in der Sowjetunion unter der Bezeichnung *Perestroika*.

Befreiungstheologie und kirchliche Institution

Wie siehst du das Problem des Gehorsams, des Treuegelöbnisses der Theologen, angesichts der Haltung der römischen Kirche gegenüber der Befreiungstheologie? Glaubst du, es handle sich hier um eine Art Ungehorsam oder tatsächlich um eine grundlegende Konfrontation?
Weder das eine noch das andere. Die katholische Kirche ist heute, trotz einiger vor allem im Vatikan vorhandener mittelalterlicher Relikte, dem theologischen Pluralismus gegenüber sehr aufgeschlossen. Auftrag und Aufgabe der Theologen ist es, die Verkündigung des christlichen Glaubens im Licht der neuen Wirklichkeiten immer wieder von neuem zu durchdenken. In zwei unterschiedlichen geographischen oder historischen Wirklichkeiten ist die Art der Verkündigung des christlichen Glaubens nicht die gleiche. Der theologische Diskurs kann in Lateinamerika nicht der gleiche sein wie in den skandinavischen Ländern, bei den Guerrilleros in El Salvador nicht der gleiche wie im Zentrum von Los Angeles. Er ist immer dem Kontext verpflichtet, in dem er geführt wird, denn er verkörpert die Suche nach Antworten und das Aufspüren von Fragen, die innerhalb konkreter Wirklichkeiten die Herzen der Menschen beschäftigen. Natürlich wird dadurch das Selbstbewußtsein der kirchlichen Macht etwas in Mitleidenschaft gezo-

gen — einer Macht, die bisher nicht nur mit der Erhaltung der Orthodoxie beschäftigt war, sondern vor allem mit dem, was wir als Orthophonie bezeichnen: die reine Wiederholung der Wahrheit der Macht. Nun ist die Macht aber nicht immer im Besitz der Wahrheit. Häufig erwächst die Wahrheit aus den Kräften, die diese Macht in Frage stellen. Unsere Treue und unser Gehorsam gegenüber der Kirche, dem Volk Gottes, besteht genau darin, daß wir engagiert für den Fortschritt der theologischen Reflexion arbeiten. Gerade die Kirchengeschichte zeigt uns, daß dies immer so geschehen ist. Wenn die Befreiungstheologie in Rom heute noch als verdächtig angesehen wird — obwohl der Papst selbst in seinem Brief an die brasilianischen Bischöfe vom 9. April 1986 erklärt hat, daß diese für die Kirche in Lateinamerika nicht nur richtig, sondern von Nutzen und notwendig ist —, dann nicht deshalb, weil sie gegen die kirchliche Macht an sich gerichtet wäre, sondern weil sie das Kirchenmodell in Frage stellt, mit dem sich diese Macht identifiziert. Das Modell, das die Befreiungstheologie vertritt, ist stärker gemeinschaftlich geprägt, weniger autoritär. Es ist ein Modell der Gemeinschaft und Teilhabe.
Glaubst du, daß die Struktur der katholischen Kirche als Institution fähig ist, die lateinamerikanischen Tendenzen, so wie sie sich gegenwärtig manifestieren, aufzunehmen?
Ja, denn die Mehrheit der Katholiken lebt heute in Lateinamerika. Nie hatte die Kirche einen solch starken Rückhalt im Volk wie gegenwärtig auf unserem Kontinent. Dieses Phänomen wird den Wandel des europäischen Katholizismus beeinflussen, vor allem deswegen, weil das, was in der theologischen Reflexion neu ist, auf unserem Kontinent gewachsen ist und nicht in Europa. Dort ähnelt die katholische Kirche buchstäblich einem Museum. Neulich kam ich nach Paris und besuchte die Kathedrale Notre Dame. Es gab viel mehr Touristen, welche die Fensterrosetten sehen wollten, als betende Gläubige. Nun, das ist eine Kirche, die schon die Arbeiterklasse verloren hat und jetzt die Jugend

verliert. Früher hieß es, die Kirchen in den sozialistischen Ländern würden nur von alten Leuten besucht. Das ist heute auch in Westeuropa der Fall. Wenn die Kirche ihren Weg finden will, ihre Hoffnung, dann muß sie eine Option für die Armen treffen. Diese Option für die Armen bedeutet, sich jenem Geist anzunähern, der von der Kirche Lateinamerikas ausgeht.

Das, was du in Paris gesehen hast, findet man häufig in den Ländern der westlichen Welt: eine Kirche, die viel stärker eine Touristenattraktion darstellt als einen Ort des Gebets. Wie ist das in der Sowjetunion?

Ich habe bei meinen Reisen in die Sowjetunion den Eindruck gewonnen, daß das Volk viel religiöser ist, und zwar im Sinne einer diffusen Religiosität – etwas, das Dichter wie Dostojewski und Tolstoi die »russische Seele« genannt haben. Es ist eine Seele, die auf das Transzendente hin offen ist. Aber nach 70 Jahren Sozialismus kann man schon nicht mehr davon sprechen, daß die Religion in der Sowjetunion als eine formelle Äußerung im Leben der Mehrheit der Bevölkerung existiere. Was in Rußland, einer der 14 Republiken der Sowjetunion, vorherrscht und in gewisser Weise eine Hegemonie über die übrigen ausübt, ist die orthodoxe Religion, die russisch-orthodoxe Kirche. Man sagt, sie zähle 25 Millionen Gläubige, und die Sowjetunion hat 275 Millionen Einwohner. Immerhin ist das eine beträchtliche Zahl. Ich glaube jedoch, es ist eine Kirche, die ihren pastoralen Weg der Verkündigung des Evangeliums innerhalb der sozialistischen Gesellschaft noch nicht entdeckt hat. Sie lebt noch von dem Erbe der Vergangenheit, aber die Möglichkeiten einer Evangelisierung sind sehr groß. Die katholische Kirche ist praktisch auf Lettland, Estland und Litauen sowie auf einige Gegenden in der Ukraine beschränkt. In Litauen gelten 80% der Bevölkerung als katholisch. Es ist allerdings eine Kirche, die aufgrund der politischen Probleme, welche es in diesen Regionen gegeben hat, sehr lange eingeengt und isoliert war,

gleichzeitig aber auch eine Kirche, die noch nicht beim Zweiten Vatikanischen Konzil angelangt ist. Nun bekommt sie langsam Kontakt mit der Moderne. Erst jetzt fängt sie an, die Welt zu entdecken, die irdischen Wirklichkeiten, die politischen Herausforderungen.
Warum meinst du, die Befreiungstheologie diene als Kanal für die Kommunikation?
Weil die Theologie, insofern sie an der Beziehung zwischen Christentum und Marxismus arbeitet, zu einem solchen Kanal wird. Es ist merkwürdig, daß dieses Unternehmen in nicht-marxistischen Ländern wie Lateinamerika entwickelt wurde, wo das einzige sozialistische Land Kuba ist. Die Theologie indessen entsteht aus einer Befreiungspraxis; daher rührt die Tatsache, daß sie den in einer sozialistischen Gesellschaftsordnung lebenden Kirchen einen enormen Beitrag zu liefern vermag. Und zwar einen Beitrag in dem Sinne, daß sie ihnen hilft, diese Beziehung zwischen dem Glauben und der in der Gesellschaft vorherrschenden Ideologie, die marxistisch ist, zu formulieren.
Wie sieht das Verhältnis zwischen den Menschen in der Sowjetunion und der Kirche aus? Bestehen Ähnlichkeiten mit dem hier durch die Befreiungstheologie geschaffenen Verhältnis, oder ist es archaischer, weniger auf das Volk bezogen?
Es ist archaischer. Im allgemeinen sind diejenigen, die in die Kirche gehen, Menschen, die dem Regime kritisch gegenüberstehen, die nicht völlig in den Sozialismus integriert sind. Das ist vor allem in Kuba der Fall, und ich glaube, daß es noch einige Zeit braucht, um diese Phasenverschiebung zu überwinden. Nur in dem Maße, wie diese Überwindung stattfindet, wird es zum Abbau der Barrieren kommen, welche die Christen daran hindern, sich in den kommunistischen Parteien zu engagieren.

Der Beitrag der Befreiungstheologie zur Entstehung des neuen Menschen

Die Befreiungstheologie arbeitet ausschließlich mit dem Volk, und in dieser Klasse ist mythisches Denken außerordentlich stark verbreitet. Die Menschen sind sehr abergläubisch und bis zu einem gewissen Grad von Vorurteilen geprägt, von den Werten der herrschenden Klasse. Wie geht die Theologie dieses Problem an?

Der Mythos ist integrierender Bestandteil unseres kulturellen Bodens. Es gibt niemanden, der ohne einen mythischen Bezug leben würde. Möglicherweise ist uns dieser Bezug nicht bewußt, existent ist er jedoch trotzdem immer. Zwar wird das Wort *Mythos* in einem gewissen Sinn auch als Zeichen der Unglaubwürdigkeit gebraucht. Andererseits gibt es aber Sagen und Symbole, in denen sich Wirklichkeit und Wahrheit verbergen. In diesem Sinne will die Befreiungstheologie in den kirchlichen Basisgemeinden vor allem durch den Gebrauch der Bibel eine Entmystifizierung im Bewußtsein der Menschen bewirken. Sie sollen den Inhalt des christlichen Glaubens ohne jene mythische Verkleidung aufnehmen, welche die Menschen häufig daran hindert, die revolutionäre Kraft wahrzunehmen, die an der Wurzel der christlichen Offenbarung steht. Nun scheint mir aber, daß der Mythos im menschlichen Bewußtsein ständig vorhanden ist, und zwar derart, daß er unsere Utopien zum Ausdruck bringt. Auch wenn behauptet wird, die Klassen des Volkes besäßen ein stärkeres mythisches Bewußtsein als die übrigen Klassen, bezweifle ich diese Behauptung, denn es gibt gerade bei den herrschenden Klassen sehr starke mythische Überzeugungen, etwa diejenige von der geheiligten Natur des Privateigentums. So ist beispielsweise die *União* Democrática Ruralista (UDR; Demokratische Landunion)[1] davon überzeugt, daß das Eigentum eines Großgrundbesitzers einen höheren Wert darstellt als das Recht der Landarbeiter auf ihr eigenes Leben. Das ist ein ausgesprochen mythisches Verständnis. Die kapitalistische Gesellschaft schafft eine Reihe von Mythen, die in das Bewußtsein der Bevölkerung als unerschütterliche und unwiderrufliche Wahrheiten eingeimpft werden. Dadurch entsteht das, was Marx das »Phänomen der Entfremdung« genannt hat. Es führt die Menschen dazu, sich von ihrem Bewußtsein und ihrer Existenz abzuspalten. Der Kampf der Befreiungstheologie und auch die Anstrengungen des Marxismus zielen darauf ab, daß die Menschen ihre Einheit von Wesen und Existenz wieder erlangen. Die beste Definition eines Heiligen ist für mich das Gegenteil dessen, was Marx als einen entfremdeten Menschen beschreibt. Marx sagt, ein entfremdeter Mensch sei der, dessen Existenz nicht mit seinem Wesen übereinstimme. Meines Erachtens ist ein Heiliger der, dessen Existenz mit seinem Wesen übereinstimmt.

Du sagst, die Theologie arbeite vor allem am Aufbau des neuen Menschen. Wie kann man, dieser Überlegung folgend, dem 20. Jahrhundert entkommen?

Die große Herausforderung besteht darin, die Grundlagen für den Aufbau dieses neuen Menschen zu finden. Der Kapitalismus ist ein unmenschliches System; er ist nekrophil – von ihm kann man weder Anregungen noch Vorschläge hinsichtlich des Aufbaus des neuen Mannes und der neuen Frau erwarten. Der Sozialismus will den neuen Mann und die neue Frau aufbauen und schafft eine Reihe von politischen, sozialen und wirtschaftlichen Grundlagen, die diesem Ziel dienen. Er sieht sich jedoch auch Begrenzungen gegenüber wie denjenigen, auf die wir schon bei der ethischen Frage sowie beim Problem der Arbeit hingewiesen haben. Es scheint mir, daß die großen

---

[1] Vereinigung von Großgrundbesitzern, die mit allen Mitteln – einschließlich Mord – eine Agrarreform zu verhindern suchen.

religiösen Traditionen Vorstellungen in dieser Richtung enthalten. Meiner Meinung nach werden der zukünftige neue Mann und die zukünftige neue Frau in Lateinamerika Kinder einer Ehe zwischen Che Guevara und Theresa von Avila sein. Diese Beziehung ist fähig, neue Kinder hervorzubringen, Akteure einer Zivilisation der Liebe.

Wenn ich darüber nachdenke, was es wohl heißt, den neuen Mann und die neue Frau aufzubauen, dann sehe ich zwei Faktoren, die sich in unserer Existenz zu einer Synthese verbinden müssen: Den ersten Faktor bildet das Engagement für die Gerechtigkeit. Je mehr wir uns bemühen, die Wirklichkeit, in der wir leben, zu verändern, um so neuer, um so mehr Zeitgenossen unserer selbst werden wir sein. Um so mehr wächst in uns auch die Fähigkeit, mit dem *status quo* unzufrieden zu sein und – von der Utopie motiviert – eine neue Welt zu schaffen. Wir haben uns jedoch in einem wirksamen Einsatz zu engagieren, von der Volksbewegung bis zu den politischen Parteien, von den ökologischen Kampagnen bis zu den Forderungen der verschiedenen Berufszweige, welche dazu beitragen, die derzeitige Struktur der Nekrophilie, in der wir leben, zu verändern und Alternativen aufzuzeigen, die uns zu einem brasilianischen sozialistischen Modell führen werden. Den zweiten Faktor stellt die Frage der Mystik dar. Kein menschliches Wesen kann auf die Erfahrung der Liebe verzichten, auch wenn es diese Erfahrung verdrängt oder nur in sehr unbedeutendem Ausmaß machen kann. Die großen religiösen Traditionen offenbaren uns, daß die Liebe die Gegenwart Gottes in uns ist. Diese Offenheit Gott gegenüber, die den Namen der Liebe trägt, ist die Offenheit, die uns die Art, wie wir leben, in Frage stellen läßt, von unseren Ansichten bis zu unseren innersten Gedanken. Viele Menschen haben Angst davor anzuhalten, um zu beten, denn sie haben Angst davor, sich zu bekehren. Wenn wir uns dem Dialog mit Gott öffnen, dann stellt er uns in Frage und fordert von uns eine Umkehr. Diese dialektische Spannung zwischen

dem, was ich vorgebe zu sein, und dem, was ich wirklich bin, offenbart mir Gott, und er ermöglicht in zunehmendem Maße die Zerstörung des alten Menschen und die Bildung des neuen. Wenn jemand nicht fähig ist, das Schweigen zu ertragen, dann ist er auch nicht fähig, sich an sich selbst zu erfreuen. Für einen solchen Menschen wird es schwierig sein zu lieben, sich den anderen hinzugeben. Heute wird diese Öffnung zur mystischen Tradition imstande sein, uns tiefer zu uns selbst hin zu entwickeln und uns alle diese kleinen schädlichen Keime überwinden zu lassen, die wir im Herzen tragen. Jeder von uns ist potentiell ein kleiner Hitler, ein kleiner Pinochet. In dem Maße, wie wir in unseren intimsten, inneren und in unseren persönlichen Beziehungen der Eifersucht, dem Hochmut, dem Neid, dem Ehrgeiz, der Verneinung der Möglichkeiten des anderen Raum geben, wenn wir geliebt und bewundert sein wollen, ohne selbst zu lieben und zu bewundern... dauert dieser Kampf an und ist diese permanente Guerilla in der Sierra Maestra unseres eigenen Herzens eine ernsthafte Herausforderung für den Aufbau des neuen Mannes und der neuen Frau.
Glaubst du, daß dieser Aufbau durch einen Bewußtwerdungsprozeß, durch eine christliche Offenbarung geschieht, oder ist es möglich, daß er im gesellschaftlichen Veränderungsprozeß nebenher vonstatten geht?
Er muß eine Synthese sein. Wir müssen die Revolution auf der gesellschaftlichen Ebene mit der Revolution auf der persönlichen Ebene verbinden. Ich glaube nicht, daß sich zuerst die Menschen ändern müssen, um danach die Welt verändern zu können. Dadurch daß wir die Welt verändern, verändern wir uns selbst. Eine Zeit lang gründete die Kirche Eliteschulen für die Kinder der herrschenden Klasse, und zwar mit dem Argument, daß die Kinder, wenn man sie den christlichen Werten gemäß verändert und erzieht, als Erwachsene die Gesellschaft diesen Werten entsprechend regieren und leiten würden. Die Erfahrung

zeigte, daß das Gegenteil eintrat. Unzählige Kapitalisten, Unterdrücker und Komplizen von Diktaturen, die auf diesem Kontinent existieren, gingen im allgemeinen durch katholische Schulen. Es reicht nicht, die Person zu verändern, damit sich danach die Gesellschaft verändert. Die Person ändert sich dadurch, daß sie die Gesellschaft verändert, und diese Veränderung ruft auch die Veränderung der Menschen hervor. Das erinnert mich an das Gleichnis jenes Menschen, der eine Waffe besaß, auf die Straße ging und mehrere Menschen tötete. Ein Priester besuchte ihn immer wieder zu Hause und wollte ihn soweit bringen, das doch nicht mehr zu tun. Doch der Impuls, die Versuchung zu töten, erwachte von neuem, er ging wieder hinaus auf die Straße und schoß auf Menschen. Nun erschien ein anderer Priester, ging zu diesem Menschen nach Hause und nahm ihm seine Waffe fort. Er konnte nie wieder jemanden töten, auch wenn er das gerne getan hätte.

Die Veränderung von Strukturen ermöglicht es, daß sich neue Verhaltensweisen bilden, eine neue Ethik menschlichen Seins. Aber ich glaube nicht, daß dies nur durch das Christentum geschehen kann. Das Christentum besitzt die Möglichkeit, viele Dinge zu verändern, es enthält einen Entwurf, der das Persönliche mit dem Gesellschaftlichen verbindet und der mir am weitreichendsten und umfassendsten erscheint. Dennoch erhebe ich nicht den Anspruch, daß die Menschen die Basis für den Aufbau des neuen Menschen und der neuen Frau nur durch das Christentum finden können. Ich glaube, daß die östlichen Philosophien und Religionen wichtige Ansätze dieses Entwurfs enthalten, auch wenn sie bisher auf die Ebene des Privaten beschränkt und für das Gesellschaftliche wenig offen sind. Wenn sie sich für eine gesellschaftliche Dimension öffnen, dann können sie einen großen Beitrag leisten. Ich bin überzeugt, daß eine zukünftige Synthese und Verknüpfung von Christentum, Marxismus und mystischen Traditionen des Ostens äußerst segensreiche Früchte für die Menschheit hervorbringen kann. In diesem Sinne müssen wir kämpfen.

Sekten in Lateinamerika

Wie siehst du jene Religionen, die zum Fanatismus tendieren, etwa die Zeugen Jehovas? Können sie deiner Meinung nach in irgendeiner Weise zur Weiterentwicklung der Gesellschaft beitragen, oder verhindern sie den Aufbau des neuen Menschen?
Grundsätzlich neige ich dazu, alle Religionen zu respektieren. Ich sehe jedoch ein Problem bei jenen Gläubigen, deren Verhalten antisozial ist und dem Kampf für die Gerechtigkeit oder für die Sache des Lebens schadet. Im besonderen Fall des hier angeführten Beispiels, den Zeugen Jehovas, habe ich Schwierigkeiten damit, zu akzeptieren, daß sie sich in sozialistischen Ländern weigern, an der Verteidigung teilzunehmen, wenn diese Länder von imperialistischen Nationen angegriffen werden. Sie lehnen patriotische Symbole ab und weigern sich, Militärdienst zu leisten. Hier in Brasilien fallen sie aufgrund einer Anordnung des Präsidenten automatisch unter das nationale Sicherheitsgesetz, und ihre Namen erscheinen im *Diário Oficial*, dem offiziellen Mitteilungsblatt der Regierung.
Und was geschieht dann? Macht man ihnen einen Prozeß?
Sie werden anschließend amnestiert, eine Formsache. Meine Schwierigkeit besteht darin, ein Verhalten zu akzeptieren, das ich als antipatriotisch und antisozial ansehe. Nicht daß ich den Militärdienst in Brasilien verteidige. Ich verteidige den Militärdienst in jenen Ländern, die ein Projekt der Gerechtigkeit aufbauen, wie Nicaragua, und die darauf angewiesen sind, daß ihre jungen Leute sich dafür einsetzen, die feindliche Aggression abzuwehren. Was mir in Lateinamerika jedoch mehr Sorgen macht, ist die sogenannte elektronische Kirche – dieses ganze Instrumenta-

rium, das von der nordamerikanischen Regierung mit Hilfe von Satelliten, Rundfunk- und Fernsehstationen aufgebaut wurde, um dem Volk fanatische christliche Vorstellungen sowie ein privatisierendes Verhältnis zum Glauben einzutrichten. So wird versucht, die gesellschaftliche Ungleichheit religiös zu legitimieren und die Mobilisierung der Volksklassen für ein politisches Projekt zu verhindern, welches das kapitalistische System verändern will. Dies steht in engem Zusammenhang mit dem Dokument von Santa Fé, dem Ergebnis eines Treffens, das Reagan vor seiner ersten Amstperiode mit seinen engsten Beratern in der US-Stadt Santa Fé veranlaßt hat. Am Ende des Treffens wurde ein Dokument über die von Präsident Reagan zu verfolgende Außenpolitik vorgelegt. Eine der Richtlinien besagt wörtlich, daß das Gefährlichste für die nordamerikanischen Interessen in Lateinamerika nicht die kommunistischen Gruppen sind, sondern die Befreiungstheologie. Die Unterstützung, welche die elektronische Kirche durch die Vereinigten Staaten erhält, hängt eng mit dem Fortschritt unserer Arbeit im Rahmen der kirchlichen Basisgemeinden zusammen.

Die sozialen Kommunikationsmittel arbeiten meiner Meinung nach in eine der Theologie entgegengesetzte Richtung, vor allem bei den ärmsten Klassen. Wenn beispielsweise das Fernsehen in einer Serie eine Schauspielerin vergöttert, dann verursacht es eine bestimmte Distanzierung von der Realität und beeinträchtigt so deren Veränderung. Wie siehst du dieses Problem?

Die Theologie versucht, die Mythen zu entsakralisieren. Gerade beim Alten Testament ist es interessant zu beobachten, wie die ganze biblische Tradition bemüht ist, die Natur zu entsakralisieren. Während die antiken Religionen die Natur in einer fetischistischen Weise vergöttern, verkünden schon im Alten Testament die Hebräer, vor allem die Führer des jüdischen Volkes und die Propheten, daß die Natur zum Wohl und Nutzen des Menschen da ist. Sie ist nicht dazu da, daß der Mensch sie anbetet und in ihr ein Symbol der Gottheit sieht. Heute versucht die Befreiungstheologie in gleicher Weise, diesen Fetisch, der die kapitalistische Gesellschaft wieder eingeholt hat, zu entsakralisieren, und zwar durch den Bewußtwerdungsprozeß, der sich in den kirchlichen Basisgemeinden vollzieht. Wir wollen zeigen, daß nicht jede Autorität von Gott kommt, daß es dämonische Autoritäten gibt, die für die Beibehaltung der Strukturen dieses unterdrückerischen und ausbeuterischen Systems verantwortlich sind, und daß es keinen Sinn macht, Menschen zu vergöttern, auch wenn sie anerkanntermaßen als Wohltäter des Volkes gelten und Bewunderung verdienen. Die Bewunderung darf jedoch nie über die Grenzen einer kritischen Haltung hinausgehen. Diese Haltung muß immer gewahrt werden, denn schließlich wurden wir alle aus dem gleichen Lehm und dem gleichen Lebensodem gemacht. Aber das heißt nicht, daß wir die Kraft jenes »Persönlichkeitskultes« ignorieren, der in unserer jüdisch-christlichen Kultur existiert. Es gibt diesen Bezug in unserer religiösen Tradition. In ihrem Zentrum steht eine Person, nämlich Jesus Christus. Dies hat einen Einfluß auf die kulturelle Tradition und bewirkt, daß man nach Menschen verlangt, die fähig sind, die Ideen, Wünsche und Hoffnungen zu verkörpern, die wir besitzen. Es ist sehr schwer, an die Programmentwürfe einer Partei oder einer Kirche zu glauben, wenn es dort keine Menschen gibt, die durch ihr Leben Symbole für die in diesen Institutionen vertretenen Ideen sind. Nun, das ist normal; man muß sich jedoch vor der Mystifizierung, dem übertriebenen Personenkult und besonders vor einer Haltung hüten, welche die Autorität als die einzige Besitzerin der Wahrheit ansieht.

Glaube und Politik

Frei Betto, wie sollen wir Politik und Glaube miteinander verknüpfen?
Der christliche Glaube artikuliert sich notwendigerweise als politische Option, denn er ist ein Akt, der konkrete Gestalt annimmt, eine Wahrheit, die historisch in Jesus von Nazareth offenbart wurde und die im politischen Kontext der Gegenwart erfahren wird. Nehmen wir einmal an, eines Sonntags würde ein frommer Pfarrer seine Predigt folgendermaßen beginnen: »Nach langen Jahren der Militärregierung in Brasilien, als Fulano Gouverneur von São Paulo ist, Sicrano Gouverneur von Minas Gerais und Peltrano Gouverneur des Staates Espírito Santo ...« Viele Leute würden sagen, dies sei eine politische Rede, die nichts mit dem Evangelium unseres Herrn Jesus Christus zu tun habe. Genauso beginnt jedoch Lukas das 3. Kapitel seines Evangeliums: »Im fünfzehnten Jahre der Regierung des Kaisers Tiberius aber, als Pontius Pilatus Statthalter von Judäa war, Herodes Vierfürst von Galiläa, sein Bruder Philippus Vierfürst von Ituräa und Trachonitis und Lysanias Vierfürst von Abilene ...« Wer seinen Glauben als politische Option der herrschenden Schichten versteht, der versucht, das Evangelium so zu spiritualisieren, daß er schließlich leugnet, Jesus sei als politischer Gefangener ermordet worden. Die jüdisch-römische Macht in Palästina wurde nicht dadurch bedroht, daß Jesus den Willen des Vaters gepredigt hat, sondern dadurch, dass er eine Praxis ausgeübt hat, die tatsächlich eine enorme politische Resonanz aufwies. Das ging soweit, daß Kajaphas, der höchste der jüdischen Priester, darauf bestand: »Es ist besser, wenn ein Mensch für das Volk stirbt und nicht das ganze Volk zugrunde geht« (Jo 11,50).
Wenn der christliche Glaube zur reinen, subjektivistischen Privatsache wird, weit ab von den Ungerechtigkeiten, die gegen das Wesen des Menschen verstoßen, dann bestätigt

er, daß die Religion »das Opium des Volkes« ist, wie Marx dies gemeint hat. In einem Punkt stimme ich mit der Pseudopredigt jenes Generals überein, der buchstäblich dem Pfarrer das »Vater unser« beibringen wollte – in unserem Fall dem guten Pfarrer Haddad: »Arme und Reiche«, erklärte der Vertreter des Militärs, »vor Gott sind wir alle gleich.« – Warum gibt es dann die Ungleichheit zwischen uns? An einen einzigen Gott glauben, der Vater ist, heißt zugeben, daß wir alle Brüder und Schwestern sind und daß es folglich keine Rechtfertigung für die gesellschaftlichen Unterschiede gibt, welche die einen zu Unterdrückern und die Mehrheit zu Unterdrückten machen. Es handelt sich um eine Entscheidung, die bis in die Parteipolitik hineinreicht. Diese ist sowohl ein Recht als auch eine Pflicht des Christen. Einige fürchten jedoch die Entscheidung für eine Partei, weil sie unbewußt die Kirche zu ihrer Partei machen. Daher stammt ein gewisses Mißtrauen gegen Christen, die Mitglieder einer Partei werden. Nun, wir müssen lernen, den eigenen Wert eines jeden dieser Bereiche der zivilen Gesellschaft anzuerkennen und zu wissen, daß sie sich ergänzen und nicht ausschließen: die kirchliche Gemeinschaft, die Volksbewegung, die Gewerkschaftsbewegung und die politischen Parteien. Alle sind gleich wichtig, und der Glaube muß überall ein Ferment sein, auch wenn sein besonderer Ort, woraus er seine Kraft schöpft, wo er reflektiert und gefeiert wird, die kirchliche Gemeinschaft ist.
Aber die Kirche selbst besteht doch darauf, daß Gott eine Instanz ist, die weit weg ist, »dort oben«?
Die heilige Theresa von Avila und der heilige Johannes vom Kreuz dagegen haben es gewagt, Gott in die Mitte der menschlichen Subjektivität zu stellen. Schon die Renaissance feierte die Gottheit im Herzen des Menschen. Wenn Michelangelo es bei der Ausschmückung der Sixtinischen Kapelle gewagt hat, die Körper nackt darzustellen, mit all jenen wunderbaren physischen und menschlichen Aus-

drucksweisen, und so den Schöpfungsakt Gottes lobpreist, dann bedeutet das eine Revolution, die bis in das Innerste einer mystischen Theologie geht. Es ist ebenfalls eine Revolution, wenn es dem heiligen Johannes vom Kreuz gelingt, die christliche Spiritualität von einem fernen und strafenden Gott loszulösen, um ihr ihren Mittelpunkt in der Beziehung zum Gott der Liebe zu geben, der im Innern eines jeden Menschen wohnt. Aber ich gebe zu, daß die Kirche auch heute noch häufig eine didaktische, absolut unbegründete Unterscheidung trifft zwischen christlicher und menschlicher Liebe. Vom theologischen und anthropologischen Standpunkt aus gesehen gibt es diesen Unterschied nicht. Es gibt nur *eine* Erfahrung von Liebe, und jede Erfahrung von Liebe ist, wie uns der Evangelist Johannes versichert, Erfahrung Gottes.

Zur religiösen Mystik

Worin besteht der Unterschied zwischen einem Wahnsinnigen, einem Mystiker und einem Menschen im Delirium?
Ich sehe den Mystiker folgendermaßen: Je mehr ich Gott begegne um so stärker befinde ich mich in der Tiefe meiner selbst. Psychologisch ausgedrückt: Je tiefer ein Mensch Gott begegnet, um so geringer wird für ihn die Distanz zwischen Bewußtem und Unbewußtem. Der Mystiker ist ein Mensch, dessen Unbewußtes an die Oberfläche gelangt ist. Deswegen ist er ein sehr ganzheitlicher Mensch. Je mehr es jemandem gelingt, das Bewußte im Unbewußten aufzulösen, um so geglückter, ganzheitlicher und verwirklichter ist seine Welt. Menschen, die sehr tiefe mystische Erfahrungen machen – und zwar in jeder Religion – gelingt dieser Abbau der Distanz zwischen dem Unbewußten und dem Bewußten. Dies führt zur Überwindung der Angst vor der Zukunft sowie der Nostalgie im Hinblick auf die Vergangenheit. Für die Mystiker ist derjenige ein reifer Mensch,

dem es gelingt, das Hier und Jetzt intensiv zu leben. Dem unreifen Menschen fällt es dagegen sehr schwer, den gegenwärtigen Augenblick zu leben; er ist immer durch eine Erinnerung an die Vergangenheit gebunden oder durch eine Angst vor der Zukunft blockiert. Eines der Zeichen für diese Reife, die ihre Wurzeln im Hier und Jetzt hat, ist die Fähigkeit, die Einsamkeit gut zu ertragen. Übrigens ist es die Einsamkeit, die den Mystiker am stärksten fasziniert. Er leidet, wenn er seine Einsamkeit aufgeben muß, wohingegen für die meisten Menschen die Einsamkeit das unerträglichste Inferno ist. Die Menschen fühlen sich angesichts ihrer selbst schlecht, sie halten das Hier und Jetzt ihrer selbst nicht aus – sie haben Angst. Angst ist Mangel an Glaube; je größer der Glaube ist, um so kleiner die Angst. Das Gegenteil der Angst ist nicht der Mut, sondern der Glaube. Der Mensch, der an das glaubt, was er tut, und der auf den Sinn seines Lebens hofft, hat keine Angst.

Gerät die Befreiungstheologie nicht in Gefahr, die Gestalt Jesu Christi zu sehr zu vermenschlichen?
Jesus stellt für uns das größte Beispiel der christlichen Erfahrung der Liebe dar. Das Zentrum des Herzens Jesu ist im Vater und im Volk. Seine menschliche Ganzheit kommt nicht von seiner Fähigkeit, sich auf sich selbst zu konzentrieren, sondern von der Intensität seiner Liebe. Für die Christen ist Jesus Gott, weil er so geliebt hat, wie Gott liebt. Leonardo Boff drückt es so aus: »Menschlich wie Jesus konnte nur Gott selbst sein.« Er ist nicht Gott, weil er aufgehört hätte, Mensch zu sein, sondern er ist so tief menschlich, daß dies seine Göttlichkeit offenbart. Er wurde uns gleich in allem, außer der Sünde.

Bestimmte Mystiker, etwa Theresa von Avila, drücken ihre Liebe zu Gott in einer sehr menschlichen, beinahe erotischen Weise aus. Wie siehst du das?
Es gibt keine Möglichkeit, Liebe auszudrücken, ohne dabei überschwenglich zu werden. Es ist das Hohelied, das von den 72 Büchern der Bibel am besten die mystische Erfah-

rung in Worte faßt, und es ist ein unbestreitbar erotisches Buch, auch wenn einige Theologen es unbedingt spiritualisieren möchten. Es ist ein Buch, das genauso wie bestimmte Gedichte der heiligen Theresa von Avila und des heiligen Johannes vom Kreuz bei der sprachlichen Übertragung der Liebesbeziehung auf Gott eine Analogie nur in der erotischen Sprache findet. Und es gibt keine andere.
Ich glaube, daß die katholische Religion heute ihre mystische Dimension wenig entwickelt hat. Würdest du mir da recht geben?
Ja. Einer der großen Verluste für das Christentum der letzten Jahrhunderte war die Verschüttung seiner mystischen Dimension. Die Katholiken lernten beten mit Hilfe von Heftchen, die vom Vatikan herausgegeben wurden – also durch auswendig gelernte, verinnerlichte Gebete. Diese Art des Gebets besitzt wohl ihren Wert vor Gott, aber sie ist nur der Beginn jenes tieferen und liebevolleren Untertauchens, welches das mystische Gebet ist, ohne Bilder und ohne Worte, mit der Intensität der Liebe, welche die Menschen fühlen, aber nicht ausdrücken können. In gewisser Weise entdeckt die Befreiungstheologie diese tiefste Erfahrung des Betens wieder neu. Der große Denker der Befreiungstheologie, der peruanische Priester Gustavo Gutiérrez, versucht in seinem Buch *Aus der eigenen Quelle trinken*, die mystische Tradition in Lateinamerika wiederzuentdecken. Diese mystische Erfahrung existiert ja nicht nur bei Menschen wie Theresa von Avila oder Johannes vom Kreuz. Sie existiert für jeden Menschen, der die Gegenwart Gottes in einer intensiven und liebevollen Form erfährt und fähig ist, sich freier zu schenken. Kürzlich ist mir bei meiner Arbeit mit dem Volk eine solche Frau begegnet. Nachdem sie acht Kinder großgezogen hat, widmet sie sich jetzt der Aufgabe, Kinder aufzuziehen, die von ihren Eltern verlassen wurden. Sie tut dies in einer großartigen Gesinnung, mit einer Freude! Das sind Menschen, welche die beeindruckenden Fähigkeit besitzen, außerhalb ihrer selbst und deswegen

zutiefst in sich selbst zentriert zu leben, so werden sie zu einer immensen Liebe fähig. Ohne groß darüber nachzudenken, folgen sie dem Beispiel Jesu, der die vollkommene Einheit zwischen dem Subjektiven und dem Objektiven darstellt, zwischen seiner mystischen Seite, der Gemeinschaft mit dem Vater, und seiner revolutionären Seite, der Infragestellung der etablierten Ordnung im Palästina des 1. Jahrhunderts.

Ich verstehe die Mystik nicht als eine Entfernung von der Welt, sondern als jene Energie, die es uns ermöglicht, tiefer in die Geschichte einzutauchen. Che Guevara beispielsweise hat all das erreicht, was man innerhalb des historischen Augenblicks, in dem er lebte, überhaupt von ihm erwarten konnte. Er kämpfte und nahm Risiken auf sich; als das Volk in Kuba an die Macht gekommen war, bekleidete er dort wichtige Funktionen und ließ dann alles hinter sich, um weiterhin seine Saat auszustreuen. In diesem Mann steckte eine Energie, die für mich über die politische Rationalität hinausging – eine tiefe mystische Energie. Diese mystisch-religiöse Tradition müssen wir in Lateinamerika wieder hervorholen, aber innerhalb unseres jeweiligen historischen und politischen Augenblicks. Der lateinamerikanische Mensch der Zukunft wird ein Mensch sein, der objektiv Revolutionär und subjektiv Mystiker ist.

Das ist sehr weit entfernt von jener Sicht, welche die Mystik als Flucht vor sich selbst und vor der Welt begreift.

Sich um sich selbst, um seine eigenen Entwicklungsstufen zu drehen, das ist nicht Mystik, sondern Narzißmus. Wenn ich auf dieses Thema zu sprechen komme, fällt mir immer eine kleine Geschichte ein, und zwar von einem chinesischen Mönch, der den Meister bat, die Stadt verlassen zu dürfen, um Gott in den Bergen zu finden. Der Meister sagte zu ihm: »Du hast neun Jahre. Alle drei Jahre werde ich mich aufmachen und dich besuchen.« Tatsächlich kam der Meister alle drei Jahre und der Schüler sagte jedesmal: »Ich habe Gott noch nicht gefunden, aber ich fühle, daß ich fast dort bin.« Nachdem die neun Jahre um waren, sagte er fast verzweifelt zu seinem Meister: »Immer habe ich das Gefühl, daß ich fast dort bin, und doch finde ich Gott nirgends. Wo kann ich ihn denn finden?« Der Meister zeigte hinunter zur Stadt und sprach: »Dort unten: in der Scheiße.« Dieses Gleichnis zeigt, daß man Gott nicht findet, wenn man den andern, die menschliche Geschichte, das Gesellschaftliche und das Politische negiert. Die Erfahrung, die der mystischen Erfahrung am nächsten kommt, ist die Leidenschaft. In der Leidenschaft ist die Gegenwart des anderen in mir stärker als meine eigene Gegenwart in mir – das ist die Leidenschaft. Es ist ein völliges vom anderen Eingenommensein. So wie in dem Film *Nove Semanas e Meia de Amor* (Neuneinhalb Wochen Liebe), wo das Mädchen weder arbeiten noch denken oder sich mit jemandem unterhalten kann, sie ist vollkommen besessen von der Leidenschaft. Nur daß bei der menschlichen Leidenschaft der andere in uns wie das Bild in einem Spiegel gegenwärtig ist. In der mystischen Erfahrung dagegen ist der Andere in uns wirklich gegenwärtig.

Die Option für die Armen

Wer treibt Befreiungstheologie? Wem dient sie?
Jeder Christ treibt Theologie, und zwar indem er seinen Glauben reflektiert. Wenn ein Mensch einem anderen sagt, daß Gott Vater ist und daß wir alle grundsätzlich Brüder und Schwestern sind, ist das eine theologische Reflexion, auch wenn der Betreffende sich dessen nicht bewußt ist, daß er Theologie treibt. Wenn Menschen sich in einer Kirche, in den kirchlichen Basisgemeinden, in der Arbeiter- oder in der Landpastoral zusammenfinden und die Beweggründe für ihren Glauben im Licht dieser dramatischen sozialen Wirklichkeit reflektieren, treiben sie Theologie. Aber nicht alle sind Theologen. Theologen haben die fach-

liche Ausbildung, die sie befähigt, die Reflexion der Gemeinden zu sammeln, sie auszuarbeiten und weiterzuentwickeln, um ihre Arbeit, ihren Glauben und ihren Kampf zu unterstützen. Heute geschieht diese Reflexion in den christlichen Gemeinden Lateinamerikas, unter Menschen, welche die Mehrheit der Bevölkerung stellen und gleichzeitig unterdrückt sind. Der größte Teil des Volkes in Lateinamerika ist christlich und unterdrückt. Die Glaubensreflexion geschieht vor dem Hintergrund der tiefen Not unseres Volkes, seiner gesellschaftlichen, politischen und wirtschaftlichen Befreiung. Daher der Name *Befreiungstheologie* – Reflexion des Glaubens der Armen, der Unterdrückten. Sie geht aus der Mitte und den Prozessen der Volksbewegungen hervor, aus deren Befreiungsbestrebungen. Sie ist eine Theologie, die die Wurzeln des Evangeliums wiederherstellt; sie ist nicht mehr eine abstrakte Theologie, welche die Bindung der Kirche an die herrschenden Kräften legitimiert; sie ist nicht mehr eine Theologie, die auf der einen Seite den Armen sagt, sie sollten sich mit ihrem Mangel an Leben zufriedengeben, und gleichzeitig den Reichen ihr Gewissensdrama erleichtert, das darin besteht, daß sie selbst Wohlstand akkumulieren, während so viele Mangel leiden. Es ist eine Theologie, die wie Jesus die Geschwisterlichkeit aufbauen und alle Strukturen überwinden möchte, die diese Ungleichheit unter den Menschen begünstigen, damit die Güter der Erde, die Güter der Arbeit, innerhalb einer neuen sozialen Ordnung unter alle gleich verteilt werden.

Wer sind die Leute, die sich vor der Gleichheit fürchten?
Das sind diejenigen, die etwas zu verlieren haben. Eine Minderheit von 15–20% der Brasilianer. Die Mehrheit des Volkes kann nur gewinnen. Das Problem besteht darin, daß diese Mehrheit durch die Denkweise der herrschenden Klassen ideologisch kontrolliert wird. Wenn ihre Strukturen zum Besseren hin verändert werden, bedeutet dies einen Verlust für die privilegierte Minderheit, die glaubt,

der Unterschied zwischen den Klassen sei so natürlich wie der zwischen Tag und Nacht. Und das ist nicht wahr. Im Evangelium findet sich keinerlei Rechtfertigung dafür, daß mein Wohlstand aus der Verarmung des anderen resultiert. Wirtschaftlich gesehen wird es immer klarer, daß dieses Land keine Möglichkeit hat, den Weg der Entwicklung zu gehen, solange die Regierung eine Politik betreibt, die eine Minderheit, die Herren des Kapitals, zum Nachteil der Mehrheit begünstigt. Genau das ist ja mit dem Cruzado-Plan[2] geschehen, bei dem die Regierung denen nachgegeben hat, die alles beherrschen, den multinationalen Konzernen – mit dem Ergebnis, daß Medikamente, Getränke, Zigaretten und Autos teurer wurden, ebenso die staatlichen Dienstleistungen wie Elektrizitätsversorgung und Telefon. Hier hat die Regierung wieder einmal gezeigt, daß sie nichts weiter ist als der Geschäftsführer der herrschenden Klasse. Und das macht die politische und gesellschaftliche Situation des Landes untragbar.

Die Anfänge der Option einer Kirche für die unterdrückten Klassen reichen in die Jahre nach dem Zweiten Weltkrieg zurück. Sie gewann an Bedeutung unter dem Pontifikat von Papst Johannes XXIII., der selbst aus einfachen Verhältnissen stammte. Könnte man sagen, daß der Embryo der Befreiungstheologie sich von diesem Papst aus zu entwickeln begann?

Johannes XXIII. war eine der maßgeblichen Persönlichkeiten im Erneuerungsprozeß der Kirche, der damit begann, daß dieser Papst das Zweite Vatikanische Konzil einberief, das dann von 1962–1965 tagte. Dies war der große Augenblick, in dem die Kirche haltmachte, um über ihre Arbeit in der Welt nachzudenken und ihren evangelischen und pastoralen Linien eine neue Dimension zu

---

[2] 1986 wurde der *Plano Cruzado* lanciert, der durch verschiedene wirtschaftspolitische Maßnahmen – u.a. Einführung einer neuen Währung (Cruzado) und Einfrierung der Preise – die Inflation bremsen sollte.

geben. Danach gab es zwei lateinamerikanische Versionen des Konzils: die Konferenz von Medellín in Kolumbien, die 1968 stattfand, und die Versammlung von Puebla in Mexiko im Jahre 1979. Es waren Situationen, in denen die Bischöfe des Kontinents anfingen, über die Sendung der Kirche im Licht der lateinamerikanischen Bedingungen nachzudenken: Unterdrückung, Elend, Klassenkampf, Auslandsverschuldung. Das Verständnis von Kirche wurde neu durchdacht und die vorrangige Option für die Armen definiert. Diese Option bestimmt seither das Handeln der Mehrheit der Kirche in Brasilien.

Besteht nicht die Gefahr einer radikalen Spaltung zwischen der Kirche Roms und derjenigen Lateinamerikas?

Nein, diese Gefahr besteht nicht. Wo eine Gesellschaft gespalten ist, gibt es natürlich immer auch ideologisch-politische Spaltungen, und zwar in dem Maße, wie die Kirche die Widersprüche der Gesellschaft widerspiegelt. Was nun die theologische Perspektive angeht, so wird es nicht zu einer Spaltung kommen. Auf der einen Seite haben wir aus der Erfahrung der protestantischen Reformation gelernt, daß eine Spaltung die Kirche nur schwächt. Auf der anderen Seite hat uns das Konzil bewußt gemacht, daß Kirche Volk Gottes ist, die Bischöfe allein sind also nicht die Kirche. Auch wenn sie das Zeichen der Einheit darstellen, so sind die Bischöfe dennoch Mitglieder der Kirche. Folglich sind die Vertreter der Befreiungstheologie, die kirchlichen Basisgemeinden nicht daran interessiert, eine andere Kirche zu gründen. Wir sind uns dessen bewußt, daß es in diesem Volk, das die Kirche ist – und zwar zusammen mit seinen Hirten –, weiter Spannungen geben wird. Jene Leute, welche die Kirche als eine politische Partei betrachten, werden große Schwierigkeiten mit den soziologischen Analysen bekommen: Wie können wir in der gleichen Kirche zusammenleben, in der Bischöfe öffentliche Attacken gegen Laien oder Priester führen? So hat etwa die Tageszeitung *Folha de São Paulo* ein Interview mit Dom

Luciano Cabral Duarte[3] veröffentlicht, in dem dieser heftige Angriffe gegen mich vorbrachte. Er ist ein Erzbischof, ich bin ein einfacher Laienbruder, wir leben indessen in der gleichen Kirche zusammen. Ich bedaure nur, daß er nichts wichtigeres zu tun hat als eine Kampagne zu führen, die mich höchstens vom kommerziellen Gesichtspunkt aus interessieren könnte, weil sie dazu beiträgt, Werbung für meine Bücher zu machen. Aber ich habe nicht vor, Gegenargumente vorzubringen, oder ihm überhaupt darauf antworten. Nun, wir gehören zur gleichen Kirche. Ich habe den Eindruck, die Verzweiflung derer, die eine enge Verbindung zu den herrschenden Klassen haben, besteht darin, daß sie sehen müssen, wie die Kirche immer mehr zu ihren Ursprüngen an der Seite des Volkes zurückkehrt, und ein Gesellschaftsmodell vertritt, das stärker am Evangelium orientiert ist und das historisch, ob wir es wollen oder nicht, mit einem Modell des Sozialismus übereinstimmen wird. Der brasilianische Sozialismus wird keine Kopie der existierenden Modelle sein, sondern etwas, das unter Berücksichtigung der Eigenart unseres Volkes neu entsteht.

Wie stellt sich die Frage der Frau in der Befreiungstheologie?

Leonardo Boff hat ein Buch geschrieben, das inzwischen als Klassiker gilt, *Das mütterliche Antlitz Gottes*. Darin stellt er die Frage der Frau aus der Perspektive der Befreiungstheologie. Er zeigt, daß das Problem der Frau in Lateinamerika unmöglich vom Gesamt der gesellschaftlichen Unterdrückung getrennt und ebensowenig mit der Männerproblematik verwechselt werden darf: Die Frau muß spezifische Rechte für sich erobern. Die Frauenfrage ist deshalb in einer doppelten Dimension zu situieren: Auf der einen Seite ist die Frau integriert in den langen Marsch des

---

[3] Der konservative Erzbischof von Aracaju steht der Regierung sehr nahe und ist ein engagierter Verteidiger des brasilianischen Wirtschaftsmodells.

armen lateinamerikanischen Volkes, das auf seine Befreiung hinarbeitet, aber gleichzeitig ist sie ein Wesen, das wegen ihrer Geschlechtszugehörigkeit unterdrückt ist. Außerdem ist die Befreiungstheologie bemüht, das Weibliche in der christlichen Tradition freizulegen – daher die Bedeutung, die der Marienverehrung bei der Verminderung der gesellschaftlichen Unterwerfung der Frau zukommt. Die Marienverehrung hatte zur Folge, daß die Frau immer weniger als ein im Verhältnis zum Mann unvollkommenes Wesen betrachtet wurde. Durch die Theologie des Augustinus, die von der griechischen Philosophie des 4. Jahrhunderts beeinflußt wurde, ist die Frau an den Rand der Gesellschaft gedrängt worden. Auf die gleiche Art war diese Verdrängung bereits in der jüdischen Philosophie geschehen, und sie widerspiegelt sich auch im Neuen Testament in den Paulusbriefen, was aber weder der Praxis Jesu noch der Urkirche entsprach. Einer der Gründe dafür, daß man Jesus als Umstürzler bezeichnete, lag gerade in der Tatsache, daß er Frauen in seiner Begleitung hatte – ein jüdischer Rabbiner ließ sich nie von Frauen begleiten – und ihnen gegenüber ein Verhalten zeigte, das die geltende Macht radikal in Frage stellte. So verteidigte er die Prostituierte vor den Gesetzeslehrern. Er erklärt nicht nur, wer ohne Sünde sei, solle den ersten Stein werfen, sondern auch, daß die Prostituierten ihnen ins Reich Gottes vorangehen würden. Oder man denke an die Geschichte der kananäischen Frau, einer Heidin, die an ständigen Blutungen litt. Jesus sagt, daß er in ganz Israel keinen Glauben gefunden habe wie den ihren. Die Frau wurde geheilt.
Im politischen und theologischen Kontext jener Zeit sind das äußerst eindrückliche Episoden. Grundsätzlich stellte Jesus jene Menschen in den Mittelpunkt, welche die Gesellschaft an den Rand gedrängt hatte, unter ihnen die Frauen. Trotzdem ist die Männerherrschaft innerhalb der kirchlichen Strukturen außergewöhnlich stark. Dies zeigt sich unter anderem darin, daß es Frauen verboten ist, die

Sakramente zu feiern und Priester, Bischof oder auch Papst zu werden. Und es zeigt sich in der Art und Weise, wie die Frau in der Kirche historisch gesehen wurde – als diejenige, die im Dienst der Arbeit des Mannes steht.

Warum vollzog sich die Menschwerdung Gottes in einem Mann?

Der gesamte Prozeß der Offenbarung Gottes vollzieht sich in der Geschichte, sowohl im Alten als auch im Neuen Testament; und er geschieht in verschiedenen Kulturen. Was hätte wohl die Menschwerdung Gottes in einer Frau innerhalb einer Kultur bedeutet, in welcher der Mann eine absolute Vorrangstellung hatte, wie das in der jüdischen Kultur Palästinas zur Zeit Jesu der Fall war? Wahrscheinlich war es Jesus aus dem gleichen Grund nicht in den Sinn gekommen, eine Frau als Apostel auszusuchen. Ich möchte die Tatsache betonen, daß Jesus ein historischer Mensch war. Er liebte so, wie nur Gott liebt, und das ist es, was seinen göttlichen Charakter ausmacht. Aber er atmete die Ideologie seiner Zeit und die Werte seiner Gesellschaft.

Wie definierst du Sünde?

Die Definition ist sehr einfach. Sünde ist jeder Akt des Egoismus. Jedesmal, wenn ich mich zuungunsten von anderen für mich selbst entscheide. Jeder Mensch, ob gläubig oder nicht, weiß genau, wann er sündigt, sowohl auf der persönlichen als auch auf der gesellschaftlichen Ebene.

Kirchliche und gesellschaftliche Auseinandersetzungen um die Befreiungstheologie

Worin unterscheidet sich die Befreiungstheologie von der traditionellen Theologie?

In der Methodologie. Die traditionelle Theologie benutzt eine deduktive Methode, sie geht von Begriffen aus. Ihr Theologe hat sich die gesamte Bibliographie über ein bestimmtes Thema einverleibt und versucht, durch seine akademische Arbeit dieser Bibliographie ein weiteres Buch hinzuzufügen. Die traditionelle Theologie entsteht in Schreibstuben und Hörsälen, wogegen die Befreiungstheologie ihre Quelle in der befreienden Praxis der Christen hat – sie ist induktiv. Ihr Ausgangspunkt stellt die politische Praxis in den kirchlichen Basisgemeinden, in der Volksbewegung, in der Gewerkschaftsbewegung und in den politischen Parteien dar. Die Anknüpfungspunkte für die Befreiungstheologie sind die Arbeiterpastoral, die Kommission für die Landpastoral, die Auseinandersetzung mit den Militärdiktaturen und die Erfahrung von Folter, Mord und Landbesetzungen. Die traditionelle Theologie dagegen ist asketisch und riecht nach Weihrauch. Sie versucht, aus der Sicht derer, welche die Macht haben, einen lehramtlichen Diskurs wiederzugeben, um diese Macht zu legitimieren und zu bestärken, statt Antwort auf die Fragen zu geben, welche die Realität, in der wir leben, uns stellt. Deswegen findet die traditionelle Theologie einen größeren Anklang bei jenen gesellschaftlichen Klassen, die es vorziehen, die Widersprüche der Wirklichkeit zu ignorieren. Sie entspricht der bürgerlichen Philosophie, die versucht, diese Widersprüche im Diskurs zu verschleiern, während die Befreiungstheologie die Wiederbegegnung mit jenem Entwurf ist, der in der Kirche der ersten Jahrhunderte – von der Praxis Jesu und seiner Apostel ausgehend – erarbeitet wurde.

Wie erklärst du dir die Tatsache, daß sich viele Gläubige von der katholischen Kirche abwenden und sich auf die Suche nach anderen Religionen begeben? Es ist ja bekannt, daß in Brasilien 15 000 terreiros (Kultstätten)[4] existieren, während es nur 6588 Pfarreien gibt. Was meinst du zu diesem Problem?

Die Existenz der *terreiros* beunruhigt mich nicht. Ich beschäftige mich nicht mit quantitativen Fragen der katho-

---

[4] Versammlungs- und Kultstätten der afrobrasilianischen synkretistischen Religionen wie Umbanda und Candomblé.

lischen Kirche, sondern mit qualitativen. Wenn das Volk lieber zu einem *terreiro* geht statt in die Kirche, dann müssen wir uns natürlich bestimmte Fragen stellen. Das darf aber niemals zum Schaden für dieses Volk geschehen. Ich empfinde eine tiefe Hochachtung vor den Menschen, die zum Candomblé- und zum Umbanda-Kult gehen. Sie stellen eine legitime Form dar, Gott zu begegnen. Auf jeden Fall bedeuten sie eine Herausforderung für unsere Arbeit. Deine Statistik hat einen grundlegenden Fehler: Sie vergleicht *terreiros* und Pfarreien, was man aber miteinander vergleichen müßte, wären *terreiros* und kirchliche Basisgemeinden, von denen es in Brasilien ungefähr 100 000 gibt. Die Gemeinden sind nicht institutionalisiert, sie verfügen nicht über einen ständigen Raum wie der *terreiro*. Die Versammlungen der Gemeinden können in meiner Wohnung stattfinden, bei dir, unter einem Baum oder in einer Garage des Pfarrhauses, das ist unwichtig. Die Statistik macht also einen Fehler, denn sie vergleicht Dinge, die sich nicht miteinander vergleichen lassen. Das verstärkte Interesse am *terreiro* jedoch offenbart vor allem die immer stärker werdende Proletarisierung der brasilianischen Nation. Es ist ganz offensichtlich, daß die Menschen wegen ihres Leidens und ihrer Qual, aus Geldmangel und aufgrund ihrer Not diese Religionen aufsuchen, die Linderung oder sofortige Lösungen anbieten.

Heißt dies, daß die Intention der Kirche genau von jenem Teil der Gesellschaft, den die Kirche verteidigt, nicht richtig verstanden wird?

Das ist richtig, denn die Ideologie, die in den Köpfen des Volkes steckt, ist diejenige der herrschenden Klasse. Es ist normal, daß das Volk Maluf[5] oder Sarney[6] applaudiert. Unüblich ist jene kleine Minderheit von Fabrik- und Land-

---

[5] Paulo Maluf war bei der Präsidentschaftswahl vom Januar 1985 Gegenkandidat des bald nach der Wahl verstorbenen Präsidenten Tancredo Neves.

[6] Den Militärs nahestehender Präsident Brasiliens.

arbeitern, die sich ihrer Rechte und alternativer Wege bewußt werden; ihnen gelingt es, die Zwangsjacke der herrschenden Ideologie zu sprengen. Der Sachverhalt überrascht mich nicht, denn man erkennt darin den Diskurs der freiwilligen Knechtschaft. Viele Jahrhunderte hindurch zwang die herrschende Klasse das Volk, die sozialen Unterschiede als natürlich hinzunehmen. Ihre große Angst besteht darin, daß dies einmal nicht mehr so sein wird: daß die Arbeiter ihre Rechte einfordern, die Landarbeiter Land besetzen und die Indianer stolz darauf sind, Indianer zu sein, und den Zugang zu ihrem Land blockieren. Hier zeigen sich die ersten Anzeichen von Veränderungen. Und zum Glück geschieht dies immer häufiger in unserem Land.

Marx negierte den gleichen Gott, von dem auch du in deinem Buch »Nachtgespräche mit Fidel« sagst, daß du ihn ablehnst. Frei Betto, wer ist der Gott, an den du glaubst?
Der Gott, an den Marx nicht glaubte und an den auch ich nicht glaube – das ist der Gott des Kapitals, der gesellschaftlichen Unterschiede; der Gott, der die Reichen segnet und die Armen auf die Probe stellt; der Gott, der das Eigentum legitimiert und es über die Menschenrechte stellt. Er ist nicht der Gott Jesu, der Gott des Evangeliums, also ist er auch nicht mein Gott. Der Gott, an den ich glaube, ist der Gott Jesu, der Gott, der Vater ist und für den alle Menschen Söhne und Töchter sind und als Geschwister leben sollen. Er ist derjenige, der sagt: »Selig die hungern und dürsten nach der Gerechtigkeit«. Er ist der Gott Marias, die ihre Stimme erhebt und Gott preist, weil er die Reichen mit leeren Händen ausgehen läßt und die Hungrigen sättigt, die Mächtigen von ihren Thronen stößt und die Geringen erhebt. Das ist der Gott, an den ich glaube.

Die Politik des Vatikans begünstigt den konservativen Flügel der Kirche. Inwieweit erschwert diese Präferenz die Arbeit des fortschrittlichen Flügels in Lateinamerika?
Alles weist darauf hin, daß der Vatikan bei der Erneuerung

des Bischofskollegiums in Lateinamerika eine bewußte Politik verfolgt, indem er vor allem konservative Bischöfe auswählt. Aber das hat keineswegs verhindert, daß die kirchlichen Basisgemeinden und die Befreiungstheologie an Raum gewinnen. Diese Kirche geht ihren Weg an der Seite des Volkes, denn sie kommt von unten. Sie wird immer mehr an Gewicht gewinnen und sich ausbreiten, auch wenn die Konservativen an einem Kirchenmodell festhalten wollen, das historisch gesehen überwunden ist. Die Wirklichkeit zeigt, daß dieses letztere Modell mit dem Kapital verbündet ist. Es handelt sich um die Kirche eines tief verwurzelten Antikommunismus, die moralisierend und sakramentalistisch ist. Ihr Konkurs ist nicht mehr aufzuhalten. Sie schreit in Verzweiflung laut auf, weil sie sich weigert zu sterben, dem Tod aber nicht entgehen kann. Wie andere Kirchenmodelle historisch überwunden wurden, so wird auch dieses autoritäre Modell unweigerlich überwunden werden.

Welche Tendenzen muß die Kirche korrigieren, wenn sie ihre Gläubigen, die andere Wege suchen, zurückgewinnen will?
Das Modell dazu findet sich schon in den Dokumenten des Zweiten Vatikanischen Konzils. Es ist eine Kirche die nicht autoritär, sondern kollegial, nicht inquisitorisch, sondern dialogisch, nicht elitär, sondern eine Kirche des Volkes ist; eine Kirche, deren Mittelpunkt nicht das Kirchenrecht, sondern das Evangelium ist; eine Kirche, die nicht moralisiert, deren moralisches Leben sich jedoch aus ihrem Engagement für die Mehrheit des Volkes ergibt; eine Kirche, die nicht an eine privilegierte Minderheit gebunden, sondern auf einen selbstlosen und befreienden Dienst an den Ärmsten ausgerichtet ist. Dies ist das Modell des Zweiten Vatikanums sowie der Versammlungen von Medellín und Puebla. Es ist das Modell der kirchlichen Basisgemeinden.

Der Befreiungstheologie wird immer wieder vorgeworfen, sie sei marxistisch. Wie siehst du diese Polemik?
Dieser Vorwurf wird ihr oft gemacht, und zwar wegen des

inzwischen schon ranzig gewordenen Antikommunismus, der in einigen Teilen der Kirche immer noch lebendig ist, nicht so sehr in Brasilien, eher in Europa. Aber da wir wissen, daß hinter dem Vorwurf keine philosophisch und theologisch fundierte Haltung steht, stört uns dies nicht. Ohne Zweifel existiert jedoch der Wunsch, die Wirkung der Befreiungstheologie abzuschwächen, weil sie bestimmte Sektoren der Kirche bedroht, die dem Kapital verbunden sind. Es sind also wirtschaftliche Gründe, nicht philosophische und noch viel weniger theologische Argumentationen. In dem Brief, den der Papst am 9. April 1986 an die brasilianischen Bischöfe geschrieben hatte, sagte er ganz klar, daß die Befreiungstheologie für die Kirche Lateinamerikas nützlich und notwendig ist. Dies steht da wortwörtlich, und damit ist eine Diskussion überflüssig.

Hast du irgendwann schon einmal daran gedacht, die Kirche ideologischer Probleme wegen zu verlassen?

Nein. Die Kirche des Zweiten Vatikanums ist meine Kirche. Johannes Paul II. ist mein Papst, und das nehme ich an. Warum? Weil die Kirche wie jede Institution von Widersprüchlichkeiten geprägt ist. Sie ist gekennzeichnet von den Widersprüchen der Gesellschaft und widerspiegelt sie. Ich möchte nicht, daß es in Brasilien eine befreiende katholische Kirche gibt, die von Rom getrennt ist. Ich will diese Kirche verändern und in ihr sterben.

Und was ist mit dem Vermögen der Kirche, das angeblich astronomisch hoch sein soll? Hast du Informationen darüber?

Die Kirche Brasiliens besitzt nicht so viel Land, wie man sich das gewöhnlich vorstellt. Die INCRA[7] hat vor einiger Zeit eine Untersuchung in Auftrag gegeben und festgestellt, daß das Vermögen der Kirche sehr viel geringer ist, als man denkt. Und es ist wichtig, daß sie ihre Infrastruk-

---

[7] *Istituto Nacional de Reforma Agraria* (INCRA; Nationales Institut für die Agrarreform): ein unter der Militärdiktatur gegründetes Institut, das die Interessen der Regierung vertrat.

tur behält. Da trifft beispielsweise eine Ordensschwester eine Option für die Armen und fragt: »Was werde ich mit der Schule machen?« Meine Antwort lautet: »Schwester, arbeite dort weiter, denn in dem Moment, wo die Gewerkschaftsbewegung einen Ort braucht, an dem sie sich versammeln kann, ist es gut, daß die Leute deine Schule benutzen können.« Wenn sie die Schule nämlich an Amador Aguiar verkauft, wird dieser ein großes Computerzentrum der Bradesco daraus machen. Verstehst du? Und wir werden keine Räume haben, um Treffen, Versammlungen usw. zu organisieren. Die Kirche soll ihren Besitz in den Dienst der Volksbewegung stellen und nicht verkaufen. Was den Besitz des Vatikans angeht, so ist der Vorschlag Dom Hélders wohl der gangbarste: Man sollte ihn der Unesco als Vermögen der Menschheit übergeben. Und der Papst sollte als Bischof von Rom in einer kleinen Pfarrei leben.

Was ist der Grund dafür, daß die Anhänger des fortschrittlichen Flügels nicht die gleichen Chancen haben, Bischöfe zu werden?

Weil der Auswahlprozeß nicht von ihnen abhängt. In der römischen Kurie gibt es eine Gruppe von Leuten, die meistens den Prozeß einer Bischofsernennung kontrollieren. Wie kann der Papst jeden Priester, jeden Menschen auf der ganzen Welt kennen? Er erhält einen Vorschlag, akzeptiert und unterschreibt ihn. Früher hieß es, der Papst sei ein Gefangener des Vatikans. Heute stimmt das nicht mehr, zumindest was seine Möglichkeit angeht, sich frei zu bewegen. Aber hinsichtlich bestimmter Regierungsentscheidungen, die von den Beisitzern abhängen, trifft dieser Satz immer noch zu. Häufig sind es Beamte, die zu einer international arbeitenden Gruppierung von Konservativen gehören.

Kunst und Religion im Befreiungsprozeß

Worin besteht die Rolle der Kunst und der Religion bei der Veränderung der Gesellschaft?
Sowohl die Kunst als auch die religiöse Sphäre sind autonome Ausdrucksweisen des kollektiven Unbewußten. Das heisst: Die Kunst kann in einer Weise, zu der nur sie fähig ist, die Wirklichkeit aussagen und transzendieren. Selbst Freud mußte zugeben, daß die Psychoanalyse nicht ausreicht, um ein Kunstwerk zu analysieren. Das Kunstwerk ist die Cousine oder Schwester der Religion, insofern die Religion immer der Wunsch ist, das Transzendente zu ertasten, es zu berühren. Jede religiöse Erfahrung ist in ihrem Verlangen auf den Zauber des Absoluten ausgerichtet. Ich glaube, daß es für das Verlangen zwei Wege gibt: Entweder geht es in die Richtung des Absurden oder in die Richtung des Absoluten. Alles andere ist Unterdrückung dieses Verlangens. Die Religion kann – und zwar im guten Sinne – das Ventil sein, welches gestattet, das Absolute zu ertasten. In Brasilien spielen sowohl die Kunst als auch die Religion eine wichtige Rolle. So etwa ist die Literatur in Brasilien heute eine Literatur, welche die Wirklichkeit aufdeckt. Das Kino tut das gleiche, das Theater ebenfalls. Es ist noch gar nicht so lange her, da wurden die Schauspieler aus dem Ausland importiert, weil das Theater eine teure, eher elitäre Produktion geworden war. Man konnte kein Theater machen, worin man bestimmte Dinge denunziert hätte, ein Theater also, das sich mit der brasilianischen Wirklichkeit beschäftigte. Aber heute sieht es so aus, daß die brasilianische, lateinamerikanische Thematik wieder Eingang ins Theater findet. Endlich nimmt eine ganze Reihe künstlerischer Ausdrucksformen in unserem Land dieses Gefühl der Empörung, den Willen zur Enthüllung und Offenbarung unserer Wirklichkeit auf.
Im Falle der Religion haben wir verschiedene Ausdrucksformen wie die kirchlichen Basisgemeinden und die Befrei-

ungstheologie, die versuchen, die evangelische Kraft des christlichen Glaubens in einer befreienden Perspektive wiederherzustellen. Die Rolle, die dieser Bereich der katholischen Kirche durch die Gemeinden in der gesellschaftlichen Bewegung Brasiliens spielt, ist nicht zu übersehen. Dazu gehört auch ein großer Teil der Bischöfe, die hinter der Kampagne für die Agrarreform stehen und die in dem Buch *Brasil, Nunca Mais* (Brasilien – niemals wieder)[8] all die Verbrechen der Militärdiktatur denunziert haben. Keine politische Partei hat das getan – nur die katholische Kirche, trotz der Widersprüche, die sie in sich trägt, trotz ihrer politisch-ideologischen Begrenztheiten. Indessen hat sie die Rolle übernommen, die Volksbewegungen anzuregen und diese unter ihren Schutz zu stellen, damit das entstehen kann, was ich den Übergang nach unten nenne. So wird in der Zukunft – ich weiß zwar nicht, wann das sein wird, doch wir müssen schon jetzt diesen Samen ausstreuen – eine würdigere Nation und ein freieres, gerechteres Vaterland entstehen.

Die Entdeckung, die wir in der Befreiungstheologie machen, daß nämlich das Engagement für den Befreiungskampf aus unserem Glauben kommt, überrascht viele Menschen. Zahlreiche Leute sagen: »Nein, früher hat die Kirche sich um das Religiöse gekümmert, jetzt macht sie Politik!« Das ist nicht richtig. Es gibt keinen Künstler, der nur Kunst um der Kunst willen macht. So gibt es auch keinen religiösen Menschen, der Religion um der Religion willen praktiziert. Jeder künstlerische Ausdruck ist, bewußt oder unbewußt, von seiten seines Schöpfers, eine politische Stellungnahme. Oder glaubst du, daß die Indianer Lateinamerikas im Namen der reinen Religion niedergemetzelt wurden, als die Missionare in Begleitung der Kolonisatoren hier ankamen? Oder glaubst du, es geschah im Namen

---

[8] In diesem von Kardinal Paulo Evaristo Arns herausgegebenen Buch werden Hunderte von Menschenrechtsverletzungen wie Folter und Mord während der Zeit der Militärdiktatur dokumentiert.

der reinen Religion, daß man in Brasilien so lange Sklaven gehalten hat, ohne daß die Kirche auch nur in einem einzigen Fall irgendwie gegen die Sklaverei protestiert hätte? War es die reine Religion, die Anfang dieses Jahrhunderts einen großen Teil der Kirche dazu veranlaßte, die Errichtung der liberalen bürgerlichen Herrschaft zu dulden? Klar, es war eine Religion, die ideologisch mit den herrschenden Klassen liiert war. Jetzt haben wir eine Religion, die ideologisch mit den Unterdrückten, den Volksklassen, verbunden ist. Dies entspricht dem Evangelium, denn schließlich sind wir, die Christen, Jünger eines politischen Gefangenen: Jesus starb am Kreuz, weil er keine reine Religion gegründet hatte. Er starb, weil er eine gesellschaftliche Ordnung gefährdete, die auch religiös legitimiert wurde; er entzog ihr die Legitimation, indem er zeigte, daß sie nur eine falsch verstandene Interpretation des biblischen Planes Gottes ist.

Brasilianisches

Kannst du die Beziehung zwischen dem Vatikan und der brasilianischen Kirche analysieren?
Ich pflege zu sagen, daß wir in Brasilien glücklicherweise nahe beim Himmel sind und weit weg von Rom. Denn der Vatikan vermag alles in der Kirche Brasiliens. Er besitzt völlige Autorität. Aber Gott sei Dank hat die brasilianische Kirche ein eigenes Profil. Dies verhindert, daß der Vatikan die brasilianische Kirche so behandelt, wie er das mit der Kirche Argentiniens, Venezuelas oder Kolumbiens tut, indem er sie als bloße Zweigstellen behandelt. Die Bischöfe Brasiliens denken mit ihrem eigenen Kopf. Sie haben heute eine pastorale Erfahrung, eine moralische Autorität und eine politische Praxis, aufgrund derer sie auch der Vatikan respektiert. Und es gelingt ihnen wirklich, in Rom einen Dialog zu führen, worin sie ihre Rechte und ihre Eigenstän-

digkeit einfordern sowie die Maßnahmen verteidigen, durch welche die Kirche in Brasilien die Sache des Volkes unterstützt. In dieser Hinsicht stellt der Vatikan meiner Meinung nach keine Bedrohung für die Kirche Brasiliens in ihrer Gesamtheit dar. Auf der anderen Seite ist er sehr wohl eine Bedrohung, indem er bewußt den Einfluß der Fortschrittlichen innerhalb der Bischofskonferenz zu reduzieren und die Macht der Konservativen zu verstärken versucht. Aber das ist ein schwieriger und langsamer Prozeß – vor allem in einer Kirche, die eine befreiende Linie vertritt und von einem großen Netz kirchlicher Basisgemeinden gestützt wird. Deswegen glaube ich, daß Rom keine so große Bedrohung für uns darstellt.

Wie hast du dein Glaubensleben entdeckt?

Ich trat zu Beginn des Jahres 1969 in das Noviziat der Dominikaner in Belo Horizonte ein. Drei Monate später hatte ich den Glauben verloren. Plötzlich sah ich keinen Sinn mehr in den Dingen, für die ich mich Tage zuvor noch engagiert hatte. Vor allem gelang es mir nicht mehr zu verstehen, wie intelligente Menschen an die Eucharistie und an die Existenz des Heiligen Geistes glauben konnten. Ich suchte meinen Beichtvater auf, Pater Martinho Penido Burnier, und sagte ihm, daß ich das Ordensleben aufgeben würde. Er bat mich, ich solle mir die folgende Frage einmal durch den Kopf gehen zu lassen: »Wenn du nachts in einem Wald unterwegs wärest und die Batterie deiner Lampe ginge zu Ende, würdest du dann weitergehen oder warten, bis es Tag wird?« Ich dachte darüber nach und sagte, daß ich warten würde. Und er: »Also warte, bis es Tag wird.« Aus diesem Warten und dem Umgang mit der mystischen Literatur, vor allem mit der heiligen Theresa von Avila, erwuchs eine tiefgreifende Erfahrung. Ich entdeckte, daß ich den Glauben nicht verloren hatte. Ich hatte in Wirklichkeit eine Veränderung meines Glaubenslebens erfahren, die ich so zusammenfassen würde: Meine Beziehung zu Gott bestand nicht mehr wie früher in dem Bemühen, ihn zu lieben; ich erkannte, daß Gott mich radikal und unumstößlich liebte – ich mußte mich dieser Erfahrung der Liebe nur öffnen. Diese Entdeckung war eine Befreiung und gleichzeitig eine sehr weitreichende Erfahrung: Gott ist als derjenige gegenwärtig, der sich bedingungslos in mein Leben gibt. Dies ist etwas, das außerhalb der Vernunft liegt. Ich kann meinen Glauben letztlich nicht mit der Vernunft angehen; es lohnt sich nicht, mit mir diskutieren zu wollen, weil ich, als einer glaube, der diese und jene politischen Vorstellungen hat. Ich glaube, basta!

Es sieht so aus, als ob du Glaube und Politik einander gegenüberstellst?

Nein, ich stelle sie nicht einander gegenüber. Ich glaube sogar, daß eine tiefe Beziehung zwischen diesen beiden Bereichen existiert, daß sie jedoch auf verschiedenen Ebenen liegen. Der Glaube ist auf der Ebene angesiedelt, die ich Offenbarung Gottes nenne, vertrauensvolle Annahme der Offenbarung des Evangeliums. Die Politik dagegen erklärt, was ich hier und jetzt tun kann; der Glaube nicht, er sagt, in welcher Richtung ich es hier und jetzt tun kann.

Du hast einmal gesagt, Papst Johannes Paul II. hätte das Herz eines Linken und den Kopf eines Rechten. Kannst du das erklären?

Er besitzt eine enorme Sensibilität für das Volk, aber seine Sicht der politischen Probleme ist meiner Meinung nach eher konservativ. Das hat viel damit zu tun, daß er Pole ist. Ich möchte das näher erklären: Dieser Papst stammt aus der Kirche eines sozialistischen Landes. Die großen Probleme Polens sind nicht diejenigen Brasiliens. Die Grundprobleme der polnischen Gesellschaft – Ernährung, Wohnungsbau, medizinische Versorgung, Recht auf Erziehung usw. – sind durch den Sozialismus gelöst worden. Eines der Hauptprobleme dort besteht darin, daß die Kirche die Vermittlerin zwischen Volk und Regierung sein will. Ein anderes Beispiel: bei uns gibt es keine Probleme, die mit der Frage der Christenheit zusammenhängen. Wir haben vielmehr die Probleme des Analphabetentums, der Kindersterblichkeit, des Hungers, der Löhne, des Elends usw. Der Papst sollte verstehen, daß die Sendung der Kirche hier nicht so sehr darin besteht, um ihre gesellschaftliche Macht zu kämpfen; sie muß sich statt dessen für die Macht des Volkes einsetzen. Abgesehen davon ist die polnische Kirche ideologisch etwas verengt und in sich verschlossen, was dazu führt, daß sie theologisch nicht auf dem Stand der heutigen Zeit ist. All diese Dinge erklären für mich die Gestalt des Papstes.

Gibt es eine Gemeinsamkeit zwischen deinem Christentum und dem eines Konservativen wie dem Bischof von Diamantina, Dom Geraldo Proença Sigaud[9]?

So wie ich nicht zulasse, daß jemand über die Qualität meines Glaubens urteilt, fühle ich mich nicht dazu berechtigt, den Glauben von Dom Sigaud zu beurteilen. Er ist ein Mensch, der glaubt. Zwischen unserer Sicht des Glaubens und der Realität, in der wir leben, besteht jedoch notwendigerweise eine sozioanalytische oder – um einen anderen Ausdruck zu gebrauchen – eine ideologische Vermittlung. Die sozioanalytische Vermittlung des Glaubens von Dom Sigaud stimmt nicht mit der meinen überein; Die meine hat ihre Wurzeln in der sozialen Praxis der Volksklassen, in der Situation der Unterdrückten, während die seine, wie mir scheint, objektiv den Interessen der Unterdrücker verhaftet ist.

Welche Vorurteile gibt es im Politischen von seiten der Christen?

Vorurteile stammen auch von psychischen, gefühlsmäßigen und emotionalen Blockierungen. Das zeigt sich da, wo man sagt: »Der Marxist ist der Teufel, er frißt kleine Kinder...« Oder auch: »Schau, was in Rußland geschieht...« Ich würde sagen: Die Distanz zwischen dem,

---

[9] Sigaud ist einer der Führer des ultrakonservativen Flügels im brasilianischen Katholizismus.

was die Kirche lebt, und dem, was sie predigt, dem Evangelium, ist genauso groß wie der Graben zwischen dem, was in der Sowjetunion geschieht, und dem, was das Kommunistische Manifest besagt.
Die Vorurteile von christlicher Seite stammen vor allem aus einer dogmatischen Sicht des Marxismus. Wichtig für mich ist, daß sich in Lateinamerika heute Christen und Marxisten innerhalb des Befreiungsprozesses der Volksklassen treffen. Dort wird die Konfrontation und die Begegnung stattfinden, so wie das in Nicaragua geschieht. In Lateinamerika gewinnen die Christen langsam eine Sicht des geschichtlichen und gesellschaftlichen Prozesses, die nicht vom Marxismus kommt, sondern aus der Erfahrung der Ausbeutung und Unterdrückung der Volksklassen stammt. Seit nicht allzu langer Zeit erkennen sie, daß der Marxismus nur eine Bemühung darstellt, diese Erfahrung der Unterdrückung zu theoretisieren, und daß dies nicht ausschließlich mit den klassischen Kategorien des Marxismus getan werden muss. Es können auch religiöse Kategorien sein. Auf der anderen Seite entdeckt man allmählich auch, daß der Marxismus weder wesentlich atheistisch noch theistisch sein muß. Er stellt eine Geschichtstheorie dar, welche die Religion als soziales Phänomen vor dem Hintergrund der jeweiligen gesellschaftlichen Umstände analysiert. Aber nie wird der Marxismus den Inhalt meines Glaubens in Frage stellen können. Er analysiert die Religion als gesellschaftliche Gegebenheit, so wie er auch die familiären Erfahrungen Josefs und Marias analysieren kann. Aber die Erfahrung des Glaubens geschieht auf einer Ebene, die von der wissenschaftlichen Analyse nicht berührt wird.

Hat die brasilianische Kirche das Gesellschaftliche, Politische und Wirtschaftliche zuungunsten eines psychologischeren und spirituelleren Zuganges überbewertet? Kann das nicht ein Faktor sein, der die Ausbreitung anderer Kirchen, etwa der Pfingstkirchen, erleichtert hat?

Ich bin einverstanden, daß die Pastoral die spirituelle und mystische Dimension ausgewogen berücksichtigen muß. Wir werden keine gute evangelisatorische Arbeit leisten, wenn diese sich nicht auf einen tiefen vortheologischen Antrieb stützen kann. Das soll aber nicht heißen, daß die Option für die Armen in den Hintergrund zurücktreten darf. In einem Land, wo die Mehrheit der Bevölkerung unter solch elenden Bedingungen lebt, dürfen wir einem Engagement nicht ausweichen, das auf die Veränderung dieser Strukturen ausgerichtet ist. Sonst würden wir das tun, was die Jünger bei der Brotvermehrung (Mk 6,30 ff) getan haben. Sie legten Jesus nahe, er solle doch das hungrige Volk nach Hause schicken. Jesus weigerte sich, das zu tun, und verlangte, daß sie sich der materiellen Probleme des Volkes annähmen. Er akzeptierte jenen Dualismus nicht, der den Menschen in Geist und Körper trennen will. Wenn wir jedoch eine rein politische oder eine ausschließlich spiritualistische Pastoral betreiben, verstärken wir den Dualismus. Was die Pfingstkirchen angeht, die im Volk verbreitet sind, so glaube ich nicht, daß ihr »Erfolg« auf ein bestimmtes Scheitern der katholischen Kirche zurückgeht. Wenn das Niveau der politischen Rationalität, das kritische Bewußtsein eines Volkes, unzureichend ist, gerät die religiöse Propaganda leichter zum Opium für dieses Volk, zur Entfremdung und zur Übertragung der Erde in den Himmel. Dies gilt vor allem dann, wenn eine Situation durch die Armut geprägt ist, ohne daß man sich über die strukturellen Gründe Rechenschaft gibt. Ich meine, daß die katholische Kirche heute das, was sie zahlenmäßig verliert, an Qualität gewinnt. Eine kirchliche Basisgemeinde von 50 organisierten Personen ist der stärkere Sauerteig als eine Pfarrei von 5000 nichtorganisierten Personen, die nur wegen der Andachten und der Sakramente dorthin kommen.

Die ökumenischen Bemühungen sowie die Annäherung zwischen der katholischen Kirche und den protestantischen

Kirchen sind deutlich sichtbar. Gibt es solche Bemühungen auch hinsichtlich Spiritismus und Umbanda?
Ich habe eher den Eindruck, daß wir in Sachen Ökumene während der letzten Jahre Rückschritte gemacht haben. Für Lateinamerika bin ich der Meinung: Das gemeinsame Terrain für jede Ökumene – einschließlich Umbanda und Spiritismus – ist der Kampf für die soziale Gerechtigkeit. Jede Divergenz in der Lehre ist zweitrangig gegenüber den Unterschieden in den praktischen Verhaltensweisen. Wenn wir zu einer gemeinsamen Praxis kämen, zu einem Zusammenleben für eine bestimmte Sache, dann wäre der Dialog über bestimmte Punkte in der Lehre leichter.
Wie war die Gemeinschaft mit den Dominikanern während dieser ganzen Jahre?
Sieh mal, die Dominikaner hatten in Brasilien immer eine Avantgarde-Stellung, sowohl intellektuell als auch politisch. Wir sind eine relativ kleine Gruppe, im ganzen Land zählen wir nicht mehr als 50 Brüder, die einander im allgemeinen stark verbunden sind und ideologisch auf der gleichen Linie liegen, und zwar so, daß es immer ein brüderliches Zusammenleben gegeben hat. Ich fühlte mich von der Kommunität immer sehr unterstützt, vor allem in den Jahren, als ich im Gefängnis war. Sie ist meine Familie.
Hast du den Film »Je vous salue, Marie« (Gegrüßt seist du, Maria) gesehen?
Ja, ich habe ihn gesehen, und er hat mir gefallen. Wenn ich Bischof wäre, würde ich ihn in jedem Katechese-Raum meiner Diözese zeigen. Aber ich fand ihn langweilig. Ich habe ständig auf die Uhr geschaut, um zu sehen, wie lange der Film noch dauert. Ich fand ihn absolut langweilig. Meiner Meinung nach ist es der schlechteste Film Godards, was jedoch das katholische Dogma angeht, ist er ausgezeichnet. Aber ich wollte noch etwas sagen: Die Kirche war immer ein bevorzugter Raum für künstlerisches Schaffen. Es genügt, ins Mittelalter zu schauen, und es genügt, die Zeit der Renaissance zu betrachten: Wo fanden Leonardo

da Vinci, Michelangelo, El Greco, Bernini und so viele andere Maler, Bildhauer und Dichter Raum? In der Kirche. Wer ist der größte spanische Dichter? Es ist ein Mönch namens Johannes vom Kreuz.
Und wie ist das heute?
Seit einiger Zeit nimmt sich die Kirche dieses Bereichs künstlerischen Schaffens nicht mehr so stark an. Oft hat sie ihn auch entleert und behindert. Persönlich habe ich in dieser Hinsicht keinerlei Probleme. Ich habe ein Buch mit Erzählungen veröffentlicht, *O Aquário Negro* (Das schwarze Aquarium), worin auch eine erotische Geschichte vorkommt, die später in der Männerzeitschrift *Status* veröffentlicht wurde.
Und es gab keine Repressalien gegen dich?
Überhaupt keine. Dann habe ich in den Jahren 1967/68 noch eine Erfahrung als Regieassistent von José Celso Martinez Corrêa gemacht, und zwar bei der Aufnahme für einen der bedeutendsten Filme in der Geschichte des brasilianischen Theaters, *Rei da Vela* (König der Kerze) von Oswald de Andrade. Wirklich, wir sollten achtgeben, daß wir uns kein stereotypes Bild von der Kirche machen, wie es eine gewisse Presse – die einen im 19. Jahrhundert beheimateten Antiklerikalismus schürt – ihren Lesern vorzusetzen pflegt. Übrigens ist es die gleiche Presse, welche die Kirche in Fragen der Filmzensur als reaktionär hinstellt, auf der anderen Seite aber so gut wie nicht darüber spricht, daß die Kirche wegen ihres Einsatzes für die Landlosen verfolgt wird. Denn ihrer Meinung nach interessiert das ihre Leser nicht.

Literatur

Was sagst du zur Tätigkeit des Schriftstellers?
Meiner Meinung nach sieht sich jeder Schriftsteller eingezwängt zwischen zwei berühmten Titeln, den *Great expectations* (Große Erwartungen) von Charles Dickens und *Les illusions perdues* (Verlorene Illusionen) von Balzac. Ein echter Schriftsteller ist besessen vom Zwang zum Schreiben. Stets geht er schwanger mit einer Idee oder einer Intuition; seinen größten Kampf führt er gegen die Zeit. Die Schriftstellerei ist ein Handwerk, das Disziplin und Hingabe erfordert. Es setzt – darauf hat Camus hingewiesen – Erleben voraus. Man kann nicht etwas von Wert schaffen, wenn man nicht mindestens 40 Jahre gelebt hat, auch wenn man erst 15 Jahre alt ist wie Alfred Jarry oder 19 Jahre wie Rimbaud. Der Schriftsteller, ob Dichter, Romancier oder Essayist, ist ein Goldgräber, der das zutage fördert, was das Leben an Wertvollem und Beunruhigendem in seinem Schoß birgt. Aber wie jede kreative Tätigkeit erfordert dies eine gewisse Muße. Wenn man gehetzt wird von Telefonanrufen und Leuten, die irgend etwas von einem wollen, dann kann man unmöglich etwas Wertvolles realisieren, mit Ausnahme journalistischer Texte. Jeder Künstler ist ein Mönch. Es sollte Klöster geben, in denen sich zu bestimmten Zeiten Schriftsteller, Maler, Musiker, Bildhauer, Kunsthandwerker, Drehbuchautoren, Film- und Theaterregisseure den kreativen Wehen überlassen könnten. Für mich ist das Leben zu kurz, auch wenn ich 100 Jahre leben würde. Ich weiß, daß ich nicht genügend Zeit haben werde, all die Werke, die ich bereits konzipiert habe, auch auszuführen. Ich hasse die Zeit und ich bemühe mich, sie zu beherrschen, so wie die Indianer und die Mystiker das

tun. Von daher rührt meine Sehnsucht nach der Ewigkeit, welche die Aufhebung der Zeit im Akt der Liebe bedeutet.

Schreiben, um zu überleben

Warum schreibst du?
Ich schreibe so, wie ich atme: um zu überleben. Auch finanziell. Wie der Apostel Paulus kann ich sagen, daß ich ausschließlich von meiner Hände Arbeit lebe. Ohne literarisch schöpferisch zu arbeiten, kann ich mir mein Leben nicht vorstellen. Wenn ich schreibe, schöpfe ich die Existenz auf ästhetische Weise neu. Ich wasche mein Gold. García Marquez hat einmal gesagt, er schreibe, um geliebt zu werden. Ich glaube, bei mir ist das nicht so. Meine Literatur ist unbequem und ruft Polemik hervor, genauso wie meine Lebensentscheidungen. Augusto Frederico Schmidt meinte einmal, wir schrieben aus Eitelkeit. Das kann sein. In meinem Fall, wäre es die Eitelkeit, daß ich über die Gabe des Schreibens, dieses Ausdrucksmittel verfüge und damit meine Ideen, meine Gefühle und vor allem meine Sicht der Welt verbreiten kann. Diese Sicht mitzuteilen ist mir wichtiger, als meine Person hervortreten zu lassen. Deswegen weigere ich mich, im Fernsehen aufzutreten. Auch wenn meine Texte stark autobiographische Elemente enthalten, so suche ich nicht die Bewunderung der Leser – zumindest nicht absichtlich. Ich versuche, eine Art Spiegel zu schaffen, in dem sie sich wiedererkennen können und durch den sie die Wirklichkeit in einer revolutionären Optik sehen. Das schließt ebenfalls die mystische Sicht ein, die ich von der Wirklichkeit habe. In deren Innern fühle ich zutiefst Gott. Schließlich schreibe ich, um für die konfliktvolle und komplexe Geschichte, in die wir eingebunden sind und die uns fordert, einen Sinn zu finden, eine Harmonie.

Im allgemeinen sind deine Werke von der Kritik gut aufgenommen worden. Hast du Angst vor der Kritik?
Ich verspüre nie Angst zu schreiben. Obwohl ich darin keine persönliche Erfahrung habe, stelle ich mir das Schreiben wie eine therapeutische Sitzung vor. Es gibt schwierige Augenblicke, in denen wir die innere Wahrheit, die in uns lebt, mit Feuer und Eisen aus uns herausreißen müssen. Es ist nicht leicht, die Wahrheit im Text erscheinen zu lassen, und doch gibt es keine andere Art, ernsthaft zu schreiben. Wenn man blufft, verfällt man der Mittelmäßigkeit. Jeder Schriftsteller macht den Leser zu seinem Analytiker. Daher diese Intimität, die der Leser für den Autor empfindet. Das geht so weit, daß er ihm sehr persönliche Briefe schreibt. Es entsteht eine Empathie, als ob der Autor nur zu diesem Leser sprechen würde. Dabei handelt sich in der Tat um einen Dialog, denn der Text ruft im Leser Emotionen hervor und fordert ihn heraus. Roland Barthes etwa besitzt die Fähigkeit, mit der erotischen Kraft des Wortes zu sprechen. Wie ein Kelch voller Wein lädt das künstlerisch gestaltete Wort zur Gemeinschaft und zur Hingabe ein. Es enthüllt unser Unbewußtes.
Ich glaube, es gibt nichts Ironischeres als die Geschichte der Literaturkritik. Es gibt eigentlich keine Kritik, sondern nur Kritiker. Das heißt: Jeder liest mit seinen eigenen Augen. So kann man nicht sagen: »Der Zeitschrift *Veja* hat dieses Buch nicht gefallen.« Vielmehr: »Demjenigen, der das Buch für die *Veja* rezensierte, hat es nicht gefallen.« Vor 2500 Jahren bezeichnete Aristoteles den Euripides als »Sammler des Klischees«. Im Jahre 1758 wurde Shakespeares *Hamlet* als »vulgäres und barbarisches Drama ... das von einen wüsten Trunkenbold geschrieben wurde« betrachtet. Derjenige, der dies behauptete, war keineswegs einer jener Kritiker, die früher oder später von der Größe eines Werks eingeholt werden und selbst der Anonymität verfallen. Es war kein geringerer als Voltaire. 1897 schrieb Shaw, *Othello* sei ein »reines Melodrama«. Proust wurden

die Originale seines Erstlingswerks von André Gide, Verleger bei den *éditions Gallimard*, zurückgeschickt. In der *Odessa-Post* hieß es, bei *Anna Karenina* von Tolstoi handle es sich nur um »sentimentalen Schrott... Es gibt nicht eine Seite, auf der eine Idee zu finden wäre.« Als Flaubert *Madame Bovary* veröffentlichte, urteilte der *Figaro* im Jahre 1857, er sei kein Schriftsteller. Und Zola schrieb über *Les fleurs du mal* (Die Blumen des Bösen) von Baudelaire: »In hundert Jahren wird die französische Literaturgeschichte dieses Werk nur noch als Kuriosität erwähnen.« Über Dickens hieß es 1858 in der *Saturday Review*: »Wir glauben nicht, daß sein Ruhm anhalten wird. In fünfzig Jahren werden sich unsere Enkel wundern, daß ihre Vorfahren Dickens an die Spitze der heutigen Romanciers gesetzt haben.« Weißt du, was der *New Statesman* über einen jungen englischen Dichter schrieb, der soeben ein Buch veröffentlicht hatte? »Er zitiert, parodiert und imitiert viel. Die Parodien sind billig und die Imitationen schlecht.« Es handelte sich um T. S. Eliot und sein Werk *The waste land* (Das wüste Land). Deshalb kann ich die Kritik nicht ernst nehmen. Für mich sind die Leser wichtig. Um mit Proust zu sprechen, dessen Zitat ich meinem Buch *O Dia de Ângelo* (Der Tag von Ângelo) vorangestellt habe – ich schreibe für das, was es an Wesentlichem und Tiefem in mir selbst gibt.

Welche Funktion hat deiner Meinung nach die Kritik?
Ich war ein Jahr lang Theaterkritiker in São Paulo. Ich glaube, daß die Kritik eines Kunstwerks unter anderem die wichtige Funktion hat, den historischen und politischen Ort des beurteilten Objekts aufzuzeigen. Das, was der Künstler oder der Autor mit seiner Sensibilität schafft, erfaßt der Kritiker mit seiner Rationalität und trägt so dazu bei, die künstlerische Sensibilität seiner Leser weiterzubilden. Wie die Theologie ist die Kritik die schwierige Kunst, über das Geheimnis zu sprechen – doch dieser Diskurs ist notwendig, denn er hilft uns, unsere Wahrnehmung des

Geheimnisses zu vertiefen. Leider mangelt es in Brasilien an guten Kritikern. Agripino Grieco und Tristão de Athayde leben ja nicht mehr.
Wie hast du die verschiedenen Beziehungen konzipiert, die Ângelo P. in seiner Zelle unterhält?
Die Spinne besitzt Gefühle, der Kakerlak kennt sich in Taktik und Strategie aus, und die Ameise hat Angst: Ich nenne das künstlerische Wahrheit. Das Kunstwerk muß keine Kopie dessen sein, was wirklich ist. Es muß das Wirkliche neu schöpfen können, das Rätsel des Schönen offenbaren und dazu beitragen, das Wirkliche mit anderen Augen, in anderen Dimensionen zu sehen – in einer tieferen Dimension der Harmonie, des Sinns, der Anklage oder auch der Verkündigung. Ein Kunstwerk ist nie neutral. Es ergreift immer Partei, ist stets politisch orientiert. Zutiefst bewundere ich den großen peruanischen Schriftsteller José Maria Arguedas, der in Brasilien leider so gut wie unbekannt ist. Meines Wissens wurde von ihm nur ein einziges Werk ins Brasilianische übersetzt, der in den 60er Jahren vom Verlag *Civilizãçao Brasileira* herausgegebene Roman *Los ríos profundos* (Die tiefen Flüsse). Arguedas ist der Sohn eines Quechua-Indianers. Was mich an seiner Literatur so fasziniert – ich bin leider ein Kind des Asphalts von Belo Horizonte –, ist die Tatsache, daß in seinen Romanen die Bäume sprechen, die Flüsse weinen, die Wolken im Angesicht des Windes vor Angst gelähmt sind und der Wind Geheimnisse offenbart. Ich habe den Eindruck, dies ist der Indianer. Auch der lateinamerikanische Landarbeiter besitzt diese stark vermenschlichende Empathie für die Natur. Darin besteht die Schönheit der Kunst. Sie erlaubt es uns, diese anderen Facetten zu entdecken, diese Empathie, diese menschlichere, tiefere, weil subjektive Beziehung zur Natur.
Du hast viele Bücher geschrieben, von denen einige in andere Sprachen übersetzt wurden. Außerdem bist du Mitautor bei einer Reihe von anderen Büchern. Lebst du von den Autorenrechten?

Ja, ich lebe ausschließlich davon. Das heißt aber nicht, daß Autorenrechte in Brasilien gut bezahlt würden. Der Umstand, daß viele meiner Bücher übersetzt wurden, ermöglicht mir ein ausreichendes Einkommen. Weil ich keine Familie habe, sind meine Lebenshaltungskosten sehr niedrig. Ich lebe von meiner Arbeit. Finanziell war ich nie von den Dominikanern abhängig. Im Gegenteil, ich gebe einen Beitrag an die Kommunität ab. Gelegentlich halte ich auch einen Kurs, für den ich dann bezahlt werde.
Hast du schon einmal eine Therapie gemacht?
Nein, nie – aber nicht, weil ich voreingenommen wäre. Vielleicht wäre es eine positive Erfahrung, wenn ich nicht ein so ungeregeltes Leben führen würde. Ich bin immer unterwegs, innerhalb und außerhalb Brasiliens... Es wäre schwierig, jenes Minimum an Systematik zu befolgen, das eine Therapie erfordert. Außerdem besteht meine große Therapie im Schreiben. Wenn ich schreibe, bringe ich mich ganz ein. Freunde, die Therapeuten sind, wie Hélio Pellegrino, haben mich bereits darauf aufmerksam gemacht. Für mich ist Schreiben eine organische Notwendigkeit. Dafür halte ich mir immer einen Teil des Morgens frei. Es ist eine Form, die Engel und Dämonen, die ich in mir trage, zu exorzieren.
Und hast du mit diesem Exorzismus Erfolg?
Nein, es werden ihrer immer mehr. Aber nicht mehr schreiben, das ist für mich wie aufhören zu essen. Literatur ist mein Ausdrucksmittel, ist meine wirkliche Beziehung zum anderen und zu mir selbst. Literatur und Gebet sind zwei Dinge, ohne die ich nicht sein kann. Sie sind wie Brot und Wasser. Wenn ich einmal einige Zeit zugebracht habe, ohne zu schreiben und ohne zu beten, werde ich unbeständig. Dann beginne ich zu fühlen, daß der Abstand zwischen meiner Existenz und meinem Wesen immer größer wird. Diese glückliche Übereinstimmung zwischen Sein und Leben suche ich über das Gebet und den Akt des Schreibens.

Literarische Auseinandersetzung mit der Militärdiktatur

Erzähle uns etwas über dein Buch »O Dia de Ângelo«.
Nun, ich hoffe, daß ich damit niemandem die Lektüre verderbe. Dieses Buch, an dem ich drei Jahre geschrieben habe, drückt viel aus von dem, was wir unter dem Militärregime durchgemacht haben. Die Personen, die fiktiv sind, symbolisieren eine ganze Generation, welche in den Gefängnissen der Diktatur gelitten hat. Den Namen Ângelo wählte ich wegen seines Wortklanges; er erinnert an *anjo*, das brasilianische Wort für Engel; Ângelo steht als Kontrast zu den diabolischen Kräften, die in der Repression zum Ausdruck kamen. Es ist ein Buch, das die Straflosigkeit der Folterer zum zentralen Thema hat – eine Frage, die wir in der Geschichte Brasiliens nicht an uns vorbeigehen lassen dürfen. Warum? Nicht aus einem Gefühl der Rache, sondern als Aufgabe der Gerechtigkeit. Denn der Folterer versteckt sich hinter der Obrigkeit, der öffentlichen Autorität, die wir, die Bürger, an den Staatsapparat delegieren und diesem zugestehen. Er beansprucht sogar die Gesetze, durch die der Staat zur Wachsamkeit verpflichtet ist. Anders ausgedrückt: wenn wir nicht fordern, daß den Verbrechen des brasilianischen Militärregimes nachgegangen wird, heißt dies, daß wir uns auf neue Mißbräuche der öffentlichen Gewalt in Brasilien einstellen müssen. Wenn wir eine Demokratie wollen, kann sie nicht auf einer Tradition von Korruption, von Morden und ungezählten Übergriffen aufgebaut werden, die im Namen der öffentlichen Autorität und der öffentlichen Gewalt durchgeführt wurden. Gleichzeitig macht es keinen Sinn, über eine Amnestie für die Folterer zu reden. Jeder Jurist weiß – ich bin es zwar nicht, aber meine Erkundigungen haben dies ergeben –, daß nur jemand amnestiert werden kann, der in einen Strafprozeß verwickelt ist. Ich kann beispielsweise den Bahianern, die in der letzten Woche Land in Minas Gerais besetzt haben, keine Amnestie gewähren, weil gegen sie

keine Anklage vorliegt und sie nicht verurteilt wurden. Niemand hat bisher die Verbrechen, die von den Folterern begangen wurden, irgend jemandem zur Last gelegt, also kann es auch keine Amnestie geben. Es ist sinnlos zu verlangen, daß diejenigen, die entsprechende Verbrechen begangen haben, amnestiert werden. Ich wurde amnestiert, weil mein Urteil bereits wirksam war. Ich wurde zu vier Jahren Gefängnis verurteilt, verlor meine Bürgerrechte für zehn Jahre und wurde dann amnestiert – auch wenn der Staat mir noch zwei Jahre schuldet, weil das oberste Bundesgericht an dem Tag, als ich die vier Jahre abgesessen hatte, meine Strafe auf zwei Jahre reduzierte. Ich besitze einen Freiheitskredit.

Außerdem spielt der erste Teil des Buches an einem einzigen Tag im Leben des Ângelo und berührt Fragen, die ich als grundlegend für die menschliche Subjektivität ansehe: Gott, die Freiheit, die Musik, die Literatur, das Problem der Ängste, die uns bedrängen, die Trugbilder, die wir in uns tragen, die menschliche Einsamkeit, die Liebe. Es ist für mich sehr schwierig, die Qualität des Buches zu beurteilen. Ich habe bisher nie einen Roman geschrieben, dies war das erste Mal. Vorher hatte ich einen Band mit Erzählungen veröffentlicht – *O Aquário Negro* (Das schwarze Aquarium) – das in der ersten Auflage unter dem Titel *A Vida Suspeita do Subversivo Raul Parelo* (Das verdächtige Leben des Subversiven Raul Parelo) erschienen war. Es sind zehn Geschichten, die fast alle in der kleinen Stadt Curral Del Rey im Staat Minas Gerais spielen. In diesem Roman zeigt sich wieder, daß ich durch und durch ein *mineiro* (Bewohner von Minas Gerais) bin. Darauf bin ich sehr stolz. Ich schließe mich Carlos Drummond de Andrade an, der behauptet, daß »ein *mineiro* wohl Minas Gerais verlassen kann, Minas jedoch nie einen *mineiro*«. All die Erinnerungen, Hinweise und Reminiszenzen an die mineirischen Wurzeln sind in diesem Werk lebendig gegenwärtig.

Hast du dich mit Malerei und Musik beschäftigt, um »O Dia de Ângelo« schreiben zu können, oder verfügtest du bereits über die notwendigen Kenntnisse?
Nein. Ich mußte mich in der Frage der Musik, an Márcia wenden, eine Musiklehrerin, die Cello spielt und gleichzeitig in der Arbeiterpastoral von São Bernardo aktiv ist. Und ich mußte Paula, eine Insektenforscherin, fragen, die Spezialistin für Spinnen ist; denn in dem Buch beschreibe ich die Bewegungen der Insekten. Diese werden in der Optik des Autors vermenschlicht gesehen. Darin liegt ein gewisser Kontrast. Aus der Optik der Macht ist der Gefangene ein Insekt, etwas, auf das man drauftreten und das man vernichten kann. Um die Spinne beschreiben zu können, mußte ich sie studieren. Wie bewegt sich eine Spinne? Schlafen Spinnen? Schlafen sie nicht? Was frißt eine Spinne? Ich mußte die Kakerlaken studieren. Weißt Du, warum sie immer auf Menschen hinlaufen? Weil die Kakerlaken dorthin laufen, wo Schatten ist. Diese Einzelheiten mußte ich kennen. Wie sieht eine Ameise? Was sieht sie? Mit anderen Worten: ich habe ernsthafte Studien betrieben.
Es gibt immer noch Menschen, die sich die literarische Arbeit ganz einfach vorstellen. Sie glauben, man setzt sich hin und wartet auf das, was da wie von selbst hervorkommt. Es ist jedoch eine anforderungsreiche Arbeit . . .
Es sind Studien und Untersuchungen notwendig, das ist richtig. Zweifellos. Sonst unterlaufen dir krasse Fehler wie Umberto Eco, der in *Der Name der Rose*, das ein wunderbares, phantastisches und gut recherchiertes Buch ist, leider einen einzigen Ausrutscher begeht. Es ist gut für die Leser, das zu wissen. Er läßt die Mönche einen Maiskuchen essen. Mais gibt es in Europa aber erst nach der sogenannten Entdeckung Amerikas. In der Bibel gibt es keinen Mais, ebensowenig in der Welt der vorkolumbianischen Zeit. Die Mönche konnten also keinen Maiskuchen essen.
Hast du dieses Detail selber bemerkt oder hat dich jemand darauf aufmerksam gemacht?

Ich habe es bemerkt, weil ich weiß, daß der Mais genauso lateinamerikanisch ist wie der Tabak. Wenn also ein Romanschriftsteller jemanden im Mittelalter rauchen läßt, ist er verloren.

Eine Bemerkung zur derzeitigen lateinamerikanischen Literatur?

Brasilien ist das am wenigsten lateinamerikanische Land dieses Kontinents. Es trennt uns vor allem die Sprache. Wenn man in Mexiko-City eine Zeitschrift für Literatur aufschlägt, findet man Rezensionen von Büchern, die in Costa Rica, in Venezuela oder in Argentinien erschienen sind. Als ich den Nicaraguaner Ernesto Cardenal nach seiner Meinung über die brasilianischen Dichter fragte, sprach er von seiner Bewunderung für Jorge de Lima. Ich hatte indessen das Gefühl, daß er über die anderen nichts sagen konnte, weil er sie nicht kannte. Unsere Dichter sind, von wenigen Ausnahmen abgesehen, nicht ins Spanische übersetzt worden. Auch die brasilianischen Verleger zeigten jahrelang keinerlei Interesse, die hispano-amerikanische Literatur zu übersetzen, sicher im Vertrauen darauf, daß die Leser sich bemühen würden, die Schwestersprache zu verstehen. Es ist möglich, daß die Verleger der anderen lateinamerikanischen Länder genauso der Meinung waren, ihre Leser könnten den Text auf Portugiesisch lesen. So kam es, daß wir in Brasilien die nordamerikanische und europäische Literatur viel besser kennen als die lateinamerikanische. Erst in jüngster Zeit wurden hier die ersten Übersetzungen veröffentlicht, und der Erfolg ist enorm. In dem Gespräch, das Gabriel García Marquez und ich im Februar 1987 in Mexiko miteinander hatten, sagte er mir – er war begeistert von den brasilianischen Autoren und auch von den Malern –, er wolle sich ab jetzt stark dafür einsetzen, daß unsere Bücher auf dem übrigen Kontinent übersetzt werden.

Wahrhaftigkeit

Wie verstehst du unter den gegenwärtigen gesellschaftlichen Bedingungen Wahrheit, Ehrlichkeit, und zwar einerseits gegenüber den Menschen und andererseits gegenüber der Welt?
Kein Mensch kann auf Wahrhaftigkeit gegenüber sich selbst verzichten, denn das ist die einzige Form, den anderen gegenüber wahrhaftig zu sein. Ich muß das annehmen, was ich als die Wahrheit meines Lebens ansehe. Das, was ich in bezug auf mein persönliches Lebensprojekt als gut erkannt habe, hat mich aber in viele schwierige Situationen gebracht, weil die Wahrheit, die ich entdeckt habe, nicht mit der »Wahrheit« übereinstimmt, die für die Gesellschaft, in der wir leben, akzeptabel ist. Ich mag auch nicht ständig Erklärungen abgeben: Warum das meine Wahrheit ist, warum ich Mönch oder Revolutionär bin, warum ich mit den Volksklassen arbeite, warum ich in einem sozialistischen Land arbeite... Ich versuche, in Treue zu dieser Wahrheit zu leben, die von meiner Glaubenserfahrung genährt wird.
Aber es ist nicht immer angebracht, jedem Menschen die ganze Wahrheit zu sagen. Dies ist eine Weise, wie man wahrhaftig sein und doch gleichzeitig der Verantwortung für die Wahrung bestimmter Berufsgeheimnisse entsprechen kann. Wir müssen nicht alles sagen. Aber wir dürfen nicht lügen. Ich glaube, eines der schwierigsten Dinge, denen sich der Mensch gegenüber sieht, ist dies: Wie kontrolliert man sein Herz und seinen Mund? Es sind zwei Dinge, die eng miteinander verbunden sind. Anders ausgedrückt: wie kann ich verhindern, daß sich in meinem Herzen die Flamme des Ehrgeizes, des Neids, der Konkurrenz entzündet und dadurch in meinem Mund Worte des Vorurteils, der Diffamierung, der Anschwärzung, der Intrige und der bösen Nachrede erzeugt werden? Ich versuche stets, darauf zu achten. Wir sollten unseren Worten mehr

Gewicht geben und es vermeiden, Perlen vor die Säue zu werfen, wie Jesus im Evangelium formuliert hat. Wir dürfen nicht beim oberflächlichen Geschwätz bleiben und nur das Bild verteidigen, das wir von uns selbst haben. Ich verteidige mich aus Prinzip nie gegen persönliche Angriffe. Diejenigen, die sich über meine Praxis und meine Worte aufregen, können schreien, um sich schlagen oder mich verleumden. Wenn es nur um die Verteidigung meines Images geht, werden sie von mir nie ein Wort zu hören bekommen. Die Geschichte wird zeigen, wer man ist und was man tut. Es ist nicht diese oder jene Geste, die in einem bestimmten Moment, völlig losgelöst vom Gesamt unseres Lebens interpretiert wird. Wenn wir das Gesamt des Lebens eines Menschen wahrnehmen, können wir bestimmte von ihm vertretene Ansichten besser verstehen, auch wenn diese im Augenblick selbst sehr oft zweideutig oder falsch erscheinen oder Befremden hervorrufen. Sehr gut gefällt mir die Definition des heiligen Thomas von Aquin: »Die Wahrheit ist die Anpassung der Einsicht an das Wirkliche.« Wie kann ich mich weiterhin bemühen, meine Einsicht der Wirklichkeit anzupassen – um nicht konservativ, reaktionär zu werden und stets offen zu sein für Veränderungen, welche die Wirklichkeit erfordert? Wir müssen am Kampf um die Verbesserung dieser Wirklichkeit teilnehmen.

Persönliche Erfahrungen –
ethische Fragen –
politische Probleme

Zölibat

Wie ist das, wenn man in einer erotisierten Gesellschaft wie der unseren ein Keuschheitsgelübde ablegt?
Zunächst glaube ich, daß die Kirche einen Fehler begeht, wenn sie von allen Priestern, oder von jenen, die eine Berufung zum Priestertum verspüren, den Pflichtzölibat verlangt. In den ersten Zeiten des Christentums war der Zölibat freiwillig. Die meisten Apostel Jesu waren wahrscheinlich verheiratet, mit Ausnahme von Johannes. Wie der Evangelienbericht zeigt, heilte Jesus die Schwiegermutter des Petrus – wenn dieser eine Schwiegermutter hatte, dann wohl deswegen, weil er verheiratet war. Im 4. Jahrhundert tritt in der katholischen Kirche die monastische Tradition auf. Diese ist tatsächlich unvereinbar mit der Ehe, denn der Mönch ist ein Mensch, der sich Gott weiht; die Berufung zum Mönch setzt die Berufung zum Zölibat ihrem Wesen nach voraus, vor allem bei Orden, die in Gemeinschaft miteinander leben. Du könntest in einem Konvent, in einem Kloster, nicht mit Frau und Kindern leben - oder mit Mann und Kindern. Mit der Vorherrschaft der Klöster in der Kirche, vor allem seit dem 9. und 10. Jahrhundert, wird der Zölibat all jenen als Pflicht auferlegt, die Priester werden wollen.
Ich bin Mönch. Viel stärker als zum Priestertum fühle ich mich zum Mönch berufen. Deshalb bin ich nicht Pater, sondern Bruder. Ich habe mich nie nach Kindern gesehnt,

die ich nicht habe; ebenso fühlte ich mich nie zur Ehe hingezogen oder zur Gründung einer Familie. Für mich stellt der Zölibat keine ausgesprochene Last dar. Aber das heißt keineswegs, daß ich nicht durch verschiedene Krisen gegangen bin oder noch gehen werde. Diese Krisen helfen mir auch, im Bereich der Liebe und der Sexualität reifer zu werden. Wer zölibatär lebt, ist kein asexueller Mensch. Im Gegenteil, der Zölibat macht uns sehr sensibel für die sexuelle Dimension, die in der Beziehung zwischen den Menschen existiert. Was der Zölibat nicht einschließt, ist der genitale Charakter dieser Beziehungen sowie die Möglichkeit, das Potential an Liebe, das wir haben, in eine Zweierbeziehung einzubringen. Ich spüre, daß ich in meinem Innern voller Liebe bin, und ich fühle mich auch sehr geliebt. Ich habe viele enge Freunde. So kann ich den Zölibat in einer faszinierenden Weise leben, weil er eine Freiheit gibt und enge Freundschaftsbeziehungen ermöglicht, wie sie Ehepaaren oft nicht möglich sind. Die Ehe erzwingt oft die Ausschließlichkeit einer Beziehung und erschwert aus Gründen der Eifersucht sogar Freundschaftsbeziehungen. Aber ich glaube nicht, daß es möglich ist, solche Freundschaften außerhalb einer tiefen Liebesbeziehung zu leben, die ich als mystische Erfahrung bezeichne. Das heißt: Gott ist der Grund meiner Liebe. In dieser tiefen Intimität, die ich ihm gegenüber vor allem durch das Gebet erfahre, fülle ich mich auf mit Liebe. Was die pornographischen und erotischen Reize der heutigen Gesellschaft angeht, so meine ich, daß dies sehr von der Art abhängt, wie man mit seinen Gedanken zurechtkommt. Ich versuche, in meinem Geist keine Phantasien und Wünsche zu nähren, die durch diese Reize angeregt werden. Auch das gibt mir eine große Freiheit des Geistes. Ich betrachte die Frau nicht als Objekt meiner Wünsche, sondern als eine Person, die ich in ihrer tiefen Schönheit betrachte, in ihrer Weiblichkeit und in ihrer Anmut – darauf bedacht beizutragen, daß diese als Person auf sich

selbst verweist, statt daß ich sie besitze oder von ihr angeeignet werde.
Glaubst du nicht, daß das Problem des Zölibats etwas mit dem Vermögen der Kirche zu tun hat? Es kommt hier doch die Frage des Erbes, der Familie, des Eigentums usw. ins Spiel. Was meinst du dazu?
Das ist nicht das grundlegende Problem. In den protestantischen Kirchen sind die Pfarrer alle verheiratet, und es gibt so gut wie keinen Streit wegen der kirchlichen Güter. Schließlich muß ein Priester, der sich die Güter der Kirche aneignen will, nicht verheiratet sein. Die Korruption kennt viele Wege. Die Pfarrei erhält beispielsweise eine Wohnung, und der Pfarrer läßt diese auf den Namen seines Bruders überschreiben ... und schon herrscht die Korruption, wie so oft in der Kirche. Nicht von ungefähr stand Erzbischof Marcinkus, als er von der italienischen Polizei gesucht wurde, im Vatikan unter Hausarrest. Nun, die Kirche ist eine Gemeinschaft von Sündern, nicht von Heiligen. Deswegen bin ich Christ.

Bewaffneter Kampf

Was hältst du vom bewaffneten Widerstand?
Prinzipiell kann der bewaffnete Widerstand gerecht und legitim sein. Dieser Standpunkt wurde von der kirchlichen Lehre durch alle Jahrhunderte hindurch verteidigt. Thomas von Aquin hat die Lehre im 13. Jahrhundert ebenso wiederholt wie Papst Johannes Paul II. an Ostern 1985 – 40 Jahre nach dem Zweiten Weltkrieg – in seiner Rede zu Ehren des europäischen Widerstandes. Wenn es also keinen anderen Ausweg gibt als den bewaffneten Kampf, dann ist dieser legitim, und zwar als Verteidigungsmittel eines Volkes, das durch Tyrannei bedroht oder unterdrückt ist. Auf der anderen Seite bedeutet der bewaffnete Kampf keine freiwillig getroffene Wahl. Er wird den Unterdrück-

ten von den herrschenden Klassen aufgezwungen. Niemand will diese Art von Konfrontation, alle wollen den Frieden. Wir wollen den Frieden. Aber wenn wir alle Mittel einsetzen, diesen Frieden zu erhalten, und man uns mit militärischer Repression bedroht, dann hast du zwei Möglichkeiten: Entweder du entziehst dich dem Kampf und verzichtest somit auf jeden Versuch, deine Rechte zu erlangen, oder du reagierst.

In Brasilien gibt es heute keinerlei Rechtfertigung für einen bewaffneten Kampf. Warum? Weil es eine ganze Reihe von legalen und legitimen Formen des Kampfes gibt. Aber es kann sein, daß uns das brasilianische Bürgertum in zehn Jahren wieder – so wie damals – jede Forderung nach politischem Raum und nach wirtschaftlichen Rechten verwehrt und es dann die jetzigen legalen Formen nicht mehr gibt. Der Weg des bewaffneten Widerstandes wird uns also vom Bürgertum aufgezwungen. Wir suchen ihn uns nicht freiwillig aus. Wir können aber gleichzeitig nicht so naiv sein und glauben, daß eine Gruppe von Favelabewohnern gegen die Staatspolizei des Gouverneurs von São Paulo oder gegen die Militärpolizei etwas ausrichten kann. Sie kann es nicht! Gerade angesichts solcher Umstände kann ich das Evangelium verstehen, wenn es davon spricht, man solle »die andere Wange hinhalten«. Die andere Wange hinhalten heißt für mich, daß du abschätzt, welche Kraft du hast. Daß du nicht der Naivität einer Selbstmordaktion verfällst und beispielsweise mit Steinen und Stöcken gegen eine Polizei zu reagieren suchst, die schwer bewaffnet ist.

Gefängnis

Zu einem anderen Thema: du hast vier Jahre im Gefängnis verbracht. Du hast auch am politischen Prozeß dieses Landes während der großen Repression teilgenommen. Wie würde eine Analyse jener Epoche heute, unter den jetzigen

Umständen, aussehen? Und wie hat sich das alles auf die Entwicklung deiner Persönlichkeit ausgewirkt?
Wegen der Stärke, welche die Repression damals erreicht hatte, war es eine sehr schwierige Zeit. Es gab Tote, Ermordete, Menschen mußten ins Exil gehen und in einem fremden Land leben. Aber es war auch eine sehr nützliche Zeit, und zwar deshalb, weil wir politisch reifer wurden und den Feind sowie das Ausmaß der Gewalt in seinen politischen Ideen besser durchschauten. Für mich war die Gefängniserfahrung auf der einen Seite sehr schmerzlich, auf der anderen aber auch fruchtbar, insofern sie es mir ermöglicht hat, mich besser kennenzulernen, bestimmte Studien und Reflexionen zu vertiefen – gerade im Bereich der Theologie und des Marxismus – und vor allem meinen Lebensweg zu bestimmen: Welches ist der Weg, auf dem ich mich für die Volksklassen aktiv einsetzen und am Aufbau eines revolutionären Projekts mitarbeiten kann? Ich glaube, eine ganze Generation wurde durch die Gewalt der Diktatur niedergemäht. Doch zugleich hat die Diktatur zukünftigen Generationen auch ganz klar gezeigt, daß die Sache der Gerechtigkeit, zumindest was die Gesetzgebung betrifft, innerhalb jener Grenzen bleiben muß, welche die Interessen des Bürgertums nicht bedrohen. Jeder Versuch, diese Grenzen zu überschreiten, wird als Provokation betrachtet: Diejenigen, die am Kampf teilnehmen, werden so der Willkür und Repression ausgeliefert. Es ist eine Repression ohne irgendwelche rechtliche Grenzen. Ihre Legitimation bezieht sie aus ihrer eigenen mörderischen Gefräßigkeit, die von der absoluten Identifikation mit den Interessen der herrschenden Klasse herrührt.
Das Gefängnis ist für den Christen das, was für den Propheten die Wüste ist. Es ist ein Augenblick des Rückzugs, in dem man viel von dem Überflüssigen verliert, das man bisher im Leben mit sich herumgetragen hat. In dieser Freiheit, keinen überflüssigen Ballast mehr tragen zu müssen, findet man eine Dimension wieder, die freier ist, liebe-

voller, stärker an der Verwirklichung unserer Utopie orientiert.

Todesstrafe

Eine Frage, die sehr polemisch diskutiert wird, ist die Todesstrafe. Es gibt Leute, die sie für besondere Fälle fordern, wie etwa bei Notzucht mit Kindern oder barbarischen Verbrechen, die unter Anwendung von Gewalt gegen das Leben gerichtet sind. Wie stehst du zur Todesstrafe, und wie sollen die Verbrechen gegen das Leben bestraft werden?

Ich bin absolut gegen die Todesstrafe, unter anderem deswegen, weil sie in keinem Land, wo es sie gibt, zu einer Senkung der Verbrechensrate geführt hat. Die Todesstrafe ist eine Lynchjustiz, die nur deshalb einen amtlichen Stempel erhalten hat, damit unserer Empörung durch die Legalisierung dieser Strafe Genüge getan wird. Wir sind zufriedengestellt, denn diese Woche wurden drei oder vier Lustmörder, Banditen usw. auf den elektrischen Stuhl gebracht.

Das Problem wird dadurch überhaupt nicht gelöst. Die eigentliche Frage ist doch: Warum gibt es Sexualtäter? Warum kommt es dazu, daß Menschen Überfälle ausführen? Warum gibt es Kriminelle? Das ist doch die Frage. Es geht nicht darum zu wissen, ob jemand töten wird oder nicht. Und genau dies ist der Punkt, der mich wütend macht: Warum unternimmt beispielsweise niemand eine Kampagne gegen die Art, wie in Brasilien der Körper der Frau in der Werbung benutzt wird? Niemand! Das verstehe ich nicht. Die Medien und die Werbung in Brasilien vermarkten den Körper der Frau immer mehr und betrachten das als Mode, als Liberalismus ... als weiß Gott was. Das brasilianische Fernsehen, vor allem *Globo*, hat der Geschichte dieses Landes offensichtlich einen großen Dienst erwiesen: Es hat aufgeräumt mit der Selbstverleugnung der Armen. Denn der gleiche Aufruf zum Konsum, der den

Millionär erreicht, gelangt jetzt auch in die Baracke der Favela. Der Unterschied besteht darin, daß der Millionär sich an seinen Sekretär wendet und sagt: »Morgen kaufst du mir das!« Oder: »Morgen gehe ich in jenes Cabaret.« Schließlich: »Ich werde Ferien am Mittelmeer machen oder in Bahia.« Der Mann in der Favela kann dies nicht. Er nimmt die 38er Pistole und geht auf Jagd. Denn auch in ihm wirkt der Anreiz zum Konsum. Und warum vergreift er sich an Kindern? Weil das Kind schutzlos ist. Weil er kein Geld hat, um Luxus-Prostituierte zu bezahlen. Weil er kein Geld hat, ans Mittelmeer zu reisen. Das Problem besteht darin, daß man den Ursachen nachgehen muß. Das ist die Frage. Es ist nicht eine Frage des Moralismus. Es ist eine Frage der Moralität, der Verteidigung eines Minimums von Werten. In Nicaragua beispielsweise bestand eines der ersten Gesetze der Revolution im Verbot, den weiblichen Körper durch Veröffentlichungen jeglicher Art in den Schmutz zu ziehen. Genauso ist es an Weihnachten verboten, alkoholische Getränke zu verkaufen oder Werbung für Geschenke zu machen. Die Kaufleute müssen den religiösen Sinn des Festes respektieren. Und das ist ein Gesetz der sandinistischen Regierung, von der alle Welt behauptet, sie sei kommunistisch! Diese Dinge müssen wir in Brasilien erreichen. Es geht hier nicht nur um ein Problem der Frauenbewegung, sondern um die Verwirklichung anderer Werte in dieser Gesellschaft.

Abtreibung

Frei Betto, wie stehst du zur Abtreibung?
Die Folha de São Paulo hat bereits einen Artikel veröffentlicht, den ich auf Bitten von Lula[1] für die Fraktion des *Par-*

---

[1] Spitzname für Luís Ignacio da Silva, den Gründer und Führer des *Partido dos Trabalhadores*.

tido dos Trabalhadores (Arbeiterpartei) in der Verfassunggebenden Versammlung zu diesem Thema geschrieben habe. Heute gibt es in Brasilien 4 Millionen Abtreibungen pro Jahr. Es sterben 400 000 arme Frauen, die gezwungen sind, eine Abtreibung mit gefährlichen Mitteln – einer Häkelnadel, Gift usw. – zu versuchen. Die Statistik ist deswegen bekannt, weil diese Frauen schließlich in die Notarztstationen eingeliefert werden. Daher weiß man also, daß 10% der Frauen, die eine Abtreibung unternehmen, infolge der prekären Bedingungen sterben. Das ist Genozid! Niemand kann diese Fakten guten Gewissens ignorieren und sagen: »Nein, die Abtreibung muß verboten und illegal bleiben, es darf nicht darüber diskutiert werden!« – Warum? Weil es für die Reichen keine Illegalität gibt. Sie setzen ihre Frau ins Flugzeug nach London, dort ist die Abtreibung legal. Für die Reichen besteht kein Gesundheitsrisiko. Es gibt Kliniken, spezialisierte Ärzte, die gut bezahlt werden und die Abtreibung perfekt durchführen.

Das Problem ist die Verteidigung des Lebens der armen Klassen, der armen Frauen. Weil es um die Verteidigung des Lebens geht, verteidige ich die Entkriminalisierung der Abtreibung in Brasilien. Die Frage der Abtreibung in Brasilien muß offen diskutiert werden, und zwar nicht als ein strafrechtliches Problem, bei dem schon zum vornherein davon ausgegangen wird, daß die Schuld bei der armen Frau liegt, die abtreiben läßt. Nein! Die Schuld liegt bei der Gesellschaft, die dieser Frau verbietet, ein Recht auf Leben zu haben. Denn niemand treibt aus Spaß ab. Abgetrieben wird, weil die Frau das Kind nicht großziehen kann, weil sie dazu einfach nicht in der Lage ist, weil sie ihre Arbeit verliert, weil eine ledige Mutter diskriminiert wird usw. Mit anderen Worten: Die Frau ist das Opfer. Die Schuld liegt bei der politischen Struktur, bei der öffentlichen Macht, beim Staat. Deswegen kann ich die Schuld des Staates nicht auf die Frau abschieben. Die Mutter, die das Kind

bekommt, läuft Gefahr, ihren Arbeitsplatz zu verlieren, und dann droht die Familie auseinanderzubrechen. Die Prostituierte kann, wenn sie schwanger wird, jene Menschen nicht mehr unterstützen, die auf sie angewiesen sind. Übrigens zeugt es von absolutem Schwachsinn zu glauben, eine Frau sei deswegen Prostituierte, weil es ihr Spaß macht. Sie ist Prostituierte, weil es um sie herum ein Netz von Menschen gibt, die sie unterhält. Deswegen kann sie nicht schwanger werden. Sie versucht abzutreiben.
Ich bin dafür, daß die Abtreibung im Rahmen bestimmter Kriterien entkriminalisiert wird. Es gibt eine Reihe von Beispielen in Frankreich, in Jugoslawien oder auch in China. In Jugoslawien und in China wird die Entkriminalisierung von einer starken öffentlichen Kampagne gegen die Abtreibung begleitet. Und was zeigt diese Erfahrung? In jenen Ländern, wo die Abtreibung entkriminalisiert wurde, ist die Zahl der heimlichen Abtreibungen nicht ganz verschwunden. Es gibt sie weiterhin. Aber was ist in diesen Ländern anders? Zwei wichtige Dinge: erstens ging die Todesrate deutlich zurück, weil die Frauen jetzt die öffentlichen Beratungsstellen aufsuchen können und nicht mehr zur Häkelnadel greifen müssen, kein Gift mehr nehmen und auch nicht mehr auf die Engelmacherin an der Ecke angewiesen sind. Zweitens verminderte sich die Zahl der Abtreibungen insgesamt. Warum? Weil viele dieser Frauen, welche die öffentlichen Beratungsstellen aufsuchten, dort überzeugt werden konnten, das Kind auszutragen. Wenn beispielsweise eine schwangere Frau in Frankreich eine öffentliche Beratungsstelle aufsucht, dann findet sie eine ganze Reihe von Hilfeleistungen für ledige Mütter vor, damit sie nicht abtreiben muß.

Die brasilianische Jugend

Wie siehst du die Lage der heutigen Jugend? Es ist ja diese Jugend, die ins nächste Jahrtausend gehen wird?
Die brasilianische Jugend von heute ist sehr verloren. Sie ist das unmittelbarste Opfer der Militärdiktatur – einer Zeit, die den jungen Leuten alle Möglichkeiten nahm, mit dem Beginn ihres Heranwachsens auch am gesellschaftlichen Leben zu partizipieren. An vielen höheren Schulen gibt es keine Gremien der Studierenden mehr. Auch eine Reihe anderer Jugendgruppen, die es zu meiner Zeit gab, existieren heute nicht mehr. Zugleich wird der junge Mensch durch die von den Kommunikationsmitteln im Kapitalismus angewandte Politik immer mehr eingeschränkt auf eine individualistische Erfahrung sinnlichen Vergnügens, das er mit der Freizeit verwechselt. Das System hat ein Interesse daran, daß die Menschen nichts über den Kontext erfahren, in dem sie leben. Damit es keine politischen Unruhen gibt. Das Bild des Jugendlichen, wie dieses politische System ihn sich vorstellt, zeigt ihn auf seinem Fahrrad, mit dem *walk-man* im Ohr. Er wird durch dessen Lärm in Anspruch genommen, nicht einmal mehr die Rundfunknachrichten erreichen ihn. Jeder Lockruf zu Freizeitvergnügen, Unterhaltung und Glück ist auf eine momentane Erfahrung sinnlichen Vergnügens reduziert. Dies rührt daher, daß die heutige Jugend eine große sexuelle Befreiung erlebt, während ihre Gefühle zutiefst unterdrückt werden. Zu meiner Zeit war es genau umgekehrt. Ich habe schon junge Leute getroffen, die mir sagten, sie hätten eine Liebesbeziehung abgebrochen, weil der eine angefangen hätte, den anderen zu mögen ...
Ich glaube, dies ist eine Folge der Jahre des Dunkels, durch die Brasilien gegangen ist. In einer Gesellschaft, deren Regierung einen Streik als Fall für die Polizei behandelt, wird es die brasilianische Jugend nicht leicht haben, ihren sozialen Raum zurückzuerobern. Doch das ist der einzige

Ausweg, wenn wir einer geistigen und emotionalen Lähmung entgehen wollen, die bewirkt, daß unzählige Jugendliche von jeder politischen Teilnahme ausgeschlossen und von jedem intellektuellen Leben abgeschnitten sind – immer stärker gefangen in einem Prozeß des Heranwachsens, der mit den Jahren stets länger wird. Es ist unglaublich, daß ein brasilianischer Jugendlicher von 25 Jahren emotional und politisch viel unreifer ist als ein kubanischer Jugendlicher von 12 Jahren. Dies ist jedoch anders bei den Volksklassen, wo die Kinder keine Kindheit haben und von früh an Verantwortung wahrnehmen müssen. Sie gehen nicht durch die Jugendkrisen hindurch, die in der Mittelklasse und der herrschenden Klasse Brasiliens so verbreitet sind. Ein Jugendlicher aus dem Volk muß sich schon sehr früh seinen Raum in der Welt erobern, vor allem durch Arbeit. Er macht nicht die Erfahrung des Müßiggangs, der die Illusionen und die Entfremdung nährt. So haben viele Familien aus der Mittelklasse Angst vor der Erziehung ihrer Kinder, weil sie – im Gegensatz zu meiner Generation, die um ein Spielzeug kämpfen mußte – alles haben. Der ganze Erziehungsprozeß konzentriert sich auf ihr Ego. Sie müssen nicht einmal mehr Bretter und Rädchen zusammensuchen, um sich einen kleinen Wagen zu bauen. Der kommt aus einem Laden. Es genügt, daß sie die Erwachsenen auf der Gefühlsebene erpressen. Hier spielt auch das Problem des Machismo eine Rolle, der von den Müttern selbst genährt wird. Die Mütter bringen den Mädchen von klein auf bei, daß bestimmte Spiele den Jungen vorbehalten sind; ein Mädchen muß zu Hause bleiben, und ein Junge darf auf der Straße spielen. Und dann beklagen sich die Erwachsenen und wundern sich, daß der Machismo zunimmt ...

Wie kann diese Jugend auf ihrem Weg ins Jahr 2000 zum Aufbau eines neuen Mannes und einer neuen Frau beitragen?

Diese Jugend kann einen Beitrag leisten, wenn sie an allen

gesellschaftlichen und politischen Aktivitäten teilnimmt, welche die Veränderung der brasilianischen Wirklichkeit im Auge haben. Es geht um die Volksbewegungen, die Gewerkschaftsbewegungen und die politischen Bewegungen. Ich glaube, daß der neue Mann und die neue Frau dann entstehen, wenn die Menschen die neue Gesellschaft aufbauen. Es kann sein, daß meine Generation sie nicht mehr erleben wird, aber wir müssen Keime dieses politischen Projekts sein, indem wir aktiv teilhaben an allen gesellschaftlichen und politischen Bewegungen, welche die Widersprüche im kapitalistischen System verstärken und eine Alternative aufzeigen, die vermutlich langfristig durch einen revolutionären Prozeß hindurch gehen wird. Ich glaube nicht, daß in Brasilien gegenwärtig die Voraussetzungen für eine Revolution gegeben sind. Aber ich meine auch nicht, daß die institutionellen Wege ausreichen, um Brasilien zur Befreiung und zum Aufbau einer sozialistischen Gesellschaft zu führen. Dies bestimmt die politische Lage und nicht unser Wille. Wir dürfen nicht einfach einem Voluntarismus verfallen und mit unserem Willen und unserem Kopf den Rhythmus der Geschichte beschleunigen wollen. Kurz: die Alternative für diese Jugend besteht im gesellschaftlichen und politischen Engagement. Das impliziert die Teilnahme an den Kämpfen des Volkes und die Verpflichtung gegenüber der Sache der Gerechtigkeit. Beide tragen dazu bei, eine gesellschaftliche, politische und wirtschaftliche Alternative für Brasilien zu finden.

Und wenn die Jugend an diesem Prozeß nicht teilnimmt?
Nun, ein Teil wird sicher daran teilnehmen. Wenn ich nämlich die Manifestationen der *Central Unica dos Trabalhadores*[2] oder des *Partido dos Trabalhadores* beobachte, kann ich feststellen, daß die meisten Leute, die ich da treffe,

---

[2] Nach dem Ende der Militärdiktatur gegründete Gewerkschaft der Industriearbeiter.

Jugendliche sind. Jener Teil der Jugend, der diesen Prozeß nicht begleitet, wird am Rande der Geschichte bleiben. Er wird zum Opfer, das den schädlichen Charakter des Systems noch einmal verdeutlicht: die entfremdete, drogensüchtige und auf ihr sinnliches Vergnügen beschränkte Jugend. Ich glaube, die größte Gefahr für die Jugend besteht darin, vom gesellschaftlichen Prozeß ausgeschlossen zu sein — in vielen Fällen sogar vom Arbeitsmarkt. Brasilien gelingt es nicht, genügend Arbeitsstellen zu schaffen, um die heranwachsenden Generationen, die auf der Suche nach einer beruflichen Tätigkeit sind, zu integrieren.

Die gesellschaftlichen Veränderungen in Kuba und in Nicaragua

Nachtgespräche mit Fidel

Wie entstanden deine Verbindungen zu Kuba?
Ich war jener Kirche Lateinamerikas, die eine Option für die Armen getroffen hat, immer eng verbunden und bin mit verschiedenen Priestern befreundet, die dann im sandinistischen Nicaragua Minister wurden. 1979 luden sie mich ein, dort in der Pastoral zu arbeiten, und seither habe ich dieses Land dreimal im Jahr besucht. Ich muß beifügen, daß ich diese Arbeit jetzt nicht mehr mache, weil ich im Augenblick in anderen Bereichen und in anderen Ländern sehr stark gefordert bin. 1980, anläßlich des 1. Jahrestages der Sandinistischen Revolution, war Fidel Castro in Managua. Ich weilte ebenfalls dort. Pater D'Escoto, der nicaraguanische Außenminister, stellte mich ihm vor, und wir führten ein langes Gespräch über die Frage der Religion in Kuba und in Lateinamerika. In diesem Zusammenhang lud er mich ein, die Insel kennenzulernen. Dieser Einladung konnte ich erst im September 81 nachkommen, als das 1. Treffen der »Lateinamerikanischen Intellektuellen für die Souveränität Amerikas« stattfand. Eine Gruppe von Vertretern der kommunistischen Partei Kubas, die an diesem Treffen teilnahmen und die sich für die Frage der Kirche in Lateinamerika interessierten, luden mich zu einer Reihe von Gesprächen zu diesem Thema ein. Am Ende des Besuches schlug die Gruppe vor, ich sollte wieder einmal nach Kuba kommen. Ich sagte: Wenn die Bischöfe der katholischen Kirche in Kuba damit einverstanden sind.

Nun, diese hatten nichts dagegen, und so begann eine Arbeit, die dazu beitrug, daß eine Wiederannäherung zwischen Kirche und Staat in Kuba begann. Ihren Höhepunkt gewissermaßen erreichte sie mit dem Buch *Nachtgespräche mit Fidel* ...

Ein großer Teil der Menschen, die Kuba besuchen, sowie die meisten Bücher und Reportagen sehen im Regierungssystem von Fidel Castro nur positive Aspekte. Was gefällt dir nicht am kubanischen System?

Es gibt viele Punkte, die ich am kubanischen Regierungssystem kritisiere. Doch Kritik übt man Freunden gegenüber, gegenüber Feinden denunziert man bloß Mißstände. Da ich jedoch direkte Kontakte unterhalte und die Möglichkeit habe, mich in Kuba selbst aufzuhalten, vermeide ich es, außerhalb Kubas Kritik zu üben, damit es nicht zu Manipulationsversuchen von seiten rechter Kreise kommt. – Für einen reichen Brasilianer wäre Kuba indessen die Hölle; für einen Bürger der Mittelklasse das Fegfeuer und für die Arbeiter das Paradies.

Es gibt doch sicher Parallelen zwischen deiner Arbeit in Brasilien und deinem Engagement in Kuba. Ist es nicht möglich, daß man die Arbeit in Kuba auch auf die hiesige Situation übertragen kann?

Nein! Die Wirklichkeit hier sieht einfach anders aus. Kuba ist ein Land, in dem die sozialen Probleme grundsätzlich gelöst sind. Es gibt dort keine Drogen, keine Prostitution, weder Arbeitslosigkeit noch Hunger, keine Favelas, kein mangelhaftes Gesundheitswesen und kein Elend. Von bestimmten Punkten, die man kritisieren kann, einmal abgesehen, ist das, was es in Kuba an Positivem gibt, tausend Lichtjahre von der brasilianischen Situation entfernt. Meine Arbeit hier ist eine andere; es ist eine pastorale Arbeit, die den Arbeiterklassen dabei helfen soll, ein Bewußtsein für das zu entwickeln, was das Hauptkriterium des Evangeliums ist: das Recht auf Leben. Jesus selbst erklärt im Johannesevangelium: »Ich bin gekommen, damit sie das Leben haben und es in Fülle haben.« (Jo 10,10) Meine Arbeit hier liegt auf dieser Linie, im Unterschied zu Kuba, wo die Probleme des Lebens grundsätzlich gelöst sind. Dort handelt es sich darum, den revolutionären Prozeß so zu unterstützen, daß er die religiöse Frage verstehen lernt. Ich habe ihnen eher Material und Daten angeboten, damit sie die Befreiungstheologie näher kennenlernen und jene Vorurteile überwinden können, die gewisse Marxisten der Religion gegenüber haben.

Vielleicht kannst du uns kurz schildern, wie die kubanische Gesellschaft heute, nach so vielen Jahren der Revolution, aussieht, und wie sie sich auf die brasilianische Gesellschaft auswirkt.

Die kubanische Gesellschaft hat sich vom kapitalistischen System bereits weitgehend befreit. Sie ist eine Gesellschaft, die uns zeigt, daß es möglich ist, ein Land aufzubauen, in dem niemand Hunger leidet, niemand ohne Arbeit ist, niemand ohne Schulbildung, niemand ohne die Möglichkeit, die Gesundheitsfürsorge kostenlos in Anspruch zu nehmen. Diese Gesellschaft existiert. Sie ist nicht mehr ein Traum. Jahrhundertelang war sie ein Traum. Heute ist sie Wirklichkeit geworden. Kuba ist so. Das heißt: Es ist eine Gesellschaft, in der die Armut ziemlich gleichmäßig verteilt ist und niemand im Elend lebt. Es ist aber auch niemand reich. Wenn es in Kuba Favelas, Prostitution, Arbeitslosigkeit usw. gäbe, dann hätte der Fernsehsender *Globo* dies alles längst gezeigt. Hier haben wir den Beweis dafür, daß es solche Probleme nicht gibt. Kuba ist ein Beispiel – ein Beispiel allerdings, das wir nicht imitieren sollten. Brasilien muß seinen eigenen Weg finden. Wir sollten nicht dem Modell Kubas, Nicaraguas oder irgendeines anderen Landes folgen. Wir müssen ein brasilianisches Modell entwickeln. Meines Erachtens müssen darin die Volksbewegung und die Gewerkschaftsbewegungen gestärkt werden. Es reicht nicht, daß die Leute alle vier Jahre zur Wahl gehen und schlecht wählen, weil der, den sie mit zigtausend Stimmen gewählt haben, eine Woche später seine Wähler verrät und sich das Mandat aneignet, als ob es sein Eigentum sei statt bloß eine Delegation von seiten der Wählerschaft. Er tritt ein in die Welt der Abmachungen, der Geschäftemacherei, der Privilegien, des Nepotismus, des Opportunismus usw. Klar, bei wem liegt die Schuld? Die Schuld liegt beim brasilianischen Wähler, der nicht reagiert, sich nicht empört und bei den nächsten Wahlen wieder die gleiche Mannschaft wählt wie zuvor. Wir müssen die Volksbewegung stärken, damit sich neue politische Führungen bilden, wir die politische Landschaft dieses Landes erneuern und die politische Struktur Brasiliens verändern können.

War es sehr schwierig, mit Fidel Castro ein Interview zu realisieren?

Das Buch *Nachtgespräche mit Fidel* ist das Ergebnis einer pastoralen Arbeit, die dazu beitragen will, daß sich Kirche und Staat in Kuba näher kommen. Auch wenn der Journalist in mir immer präsent ist, so ergab sich die Möglichkeit des Interviews eben doch aus meinem kirchlich-pastoralen Engagement. Ich war nicht als Journalist auf der Suche nach einem Interview. Aber nach Dutzenden von Reisen nach Kuba, bei denen ich immer im Kloster der Dominikaner wohnte, ohne daß ich irgendeinen Kontakt zu Fidel gehabt hätte, bat dieser mich eines Abends zu einem Gespräch, das dann bis sechs Uhr früh dauerte. Ich war überrascht von seinen Aussagen zur Religion und schlug ihm ein Interview vor.

Wie sieht die Lage der katholischen Kirche in Kuba aus? Wieviele Prozent der Bevölkerung sind religiös?

Die Religion, die in Kuba vorherrscht, ist der Synkretismus. Vor allem im Landesinnern war das Christentum nie stark vertreten, es gab nicht einmal Kapellen, wie Fidel berichtet. Am stärksten verbreitet war der afrikanische Animismus. Was die Katholiken angeht, so repräsentieren sie nicht mehr als 5% der Bevölkerung – eine Minderheit, die mit acht Bischöfen, zweihundert Priestern und zweihundert Ordensschwestern nur über wenige Pastoralträger verfügt.

Welche Positionen bezieht dieser zahlenmässig kleine kubanische Klerus? Stehen seine Mitglieder alle auf der Seite der Revolution, oder gibt es einen konservativen Flügel neben einem anderen, fortschrittlicheren?

Die Bischöfe bilden eine Einheit; sie sind alle an einer größeren Annäherung zwischen Kirche und Staat und an einer stärkeren Integration des Christlichen in die kubanische Gesellschaft interessiert. Aber die Priester sind gespalten: Die einen denken wie die Bischöfe, andere wiederum leiden noch unter starken emotionalen Blockierungen. Es sind vor allem diejenigen, die nahe Verwandte im Exil haben und für die eine Annäherung an die Regierung einem Verrat gleichkommt. Die Ordensschwestern, die in der Sozialarbeit tätig sind, sind stärker integriert. Hier muß ich noch etwas hinzufügen: Die katholische Kirche kam mir noch lange nach meinem ersten Besuch in Kuba im Jahre 1981 eher vor wie die Wartehalle eines Flughafens. Von zehn jungen Leuten, die mit der Kirche verbunden waren, wollten acht ausreisen. Heute ist die Situation jedoch anders.

Wie reagieren die jungen Kubaner auf Abtreibung, frühen Sex und Drogen?

Die Abtreibung ist in Kuba legalisiert, und die sexuellen Beziehungen beginnen, soweit ich das beobachten konnte, recht früh. Was den Drogenkonsum betrifft, so wurde dieser stark bekämpft – ein Kampf, der sogar eine ideologische Komponente hatte, denn die Drogen wurden von den Amerikanern nach Kuba gebracht. Heute gibt es sie nicht mehr. Die jungen Kubaner haben die gleichen Probleme wie die jungen Leute hier auch, aber es gibt ebenfalls große Unterschiede. Kein junger Kubaner arbeitet gleichzeitig, wenn er er zur Schule oder zur Universität geht. Die Schulbildung wird allen garantiert, und zwar in Form einer Ganztagsschule oder eines Internats.

Glaubst du, daß die »Nachtgespräche mit Fidel« die Haltung des kubanischen Führers zur Religiosität verändert haben?
Fidel hat sich nie als Atheist bezeichnet. Er sieht die Kirche, in der es verschiedene pastorale Handlungsweisen und unterschiedliche theologische Ansätze gibt, auf eine neue Weise. Fidel zeigte großes Interesse daran, etwas von Leonardo Boff und Gustavo Gutiérrez zu lesen. Es hat ihm außerordentlich gut gefallen, er war beeindruckt und überrascht von der theoretischen Fundierung, von der Integration einer 2000jährigen Kultur sowie von der ethischen Dimension, die in der Befreiungstheologie präsent sind - nach seinen eigenen Worten »mit viel größerer Überzeugungskraft, als das bei uns der Fall ist«.

Nicaragua: politischer und wirtschaftlicher Pluralismus

Erzähle uns doch von deinen Erfahrungen in Nicaragua!
In Nicaragua habe ich mit den kirchlichen Basisgemeinden gearbeitet, wobei ich als Berater fungierte. Ich war dort zur Zeit, als der Hafen von Corinto, der Flughafen sowie der Süden des Landes bombardiert wurden und im Norden 18 Landarbeitern die Kehle durchgeschnitten wurde. Nicaragua ist ein Land, das unter den Folgen der Großmachtpolitik Reagans in Lateinamerika zu leiden hat. Die USA akzeptieren in Lateinamerika kein neues Kuba und haben offiziell beschlossen, in das Land einzudringen und die Regierung Nicaraguas zu destabilisieren. Es ist unglaublich, wie unsensibel die öffentliche Meinung auf diese Tatsache reagiert. Die Millionenbeträge für die Söldner, die in Honduras und Costa Rica kampieren, wurden offiziell vom amerikanischen Kongreß genehmigt. Mit Hilfe von US-Ausbildern werden die Söldner trainiert, die Nicaragua vom Land her und aus der Luft überfallen. Damit beginnen die Vereinigten Staaten eine »Vietnamisierung« Mittel-

amerikas, die sie sehr teuer zu stehen kommen wird. Und sie wird nutzlos sein, denn der revolutionäre Prozeß Nicaraguas ist absolut irreversibel. Die großen Zeitungen veröffentlichen immer nur die Angriffe auf Nicaragua. Sie bringen keine Meldungen über den Widerstand, der im Land existiert. Im allgemeinen schlägt sich hier die Meinung der nicaraguanischen Eliten nieder, die sich – unzufrieden mit der Volksregierung – aus ihrem Land in die Vereinigten Staaten zurückziehen. Sie berichten nicht über die Meinung des Volkes. Dieses Volk besitzt heute einen Lebensstandard, wie es ihn nie zuvor in seiner Geschichte hatte. Ein Beispiel: die zur UNO gehörende Wirtschaftskommission für Lateinamerika CEPAL hat eine Studie durchgeführt, in der untersucht wurde, wieviel ein aus 21 verschiedenen Produkten zusammengestellter Lebensmittelkorb für eine sechsköpfige Familie im Monat kostet. In Panama kostet er 109 Dollar, in Honduras 74 Dollar und in Nicaragua 36 Dollar. Das heißt: Nicaragua hat die billigsten Lebensmittel in Mittelamerika.

Wie situierst du die Sandinistische Revolution im Kontext der Gegenwart?

Die Sandinistische Revolution ist einzigartig, und zwar zunächst einmal deswegen, weil sie aus einem Volksaufstand herrührt. Zweitens haben an diesem Aufstand alle Sektoren der Bevölkerung aktiv teilgenommen, die Christen eingeschlossen. Drittens hat sich Nicaragua für den politischen und wirtschaftlichen Pluralismus entschieden. Es gibt verschiedene politische Parteien sowie eine Verbindung von staatlichem Eigentum mit Kooperativen und Privateigentum. 80% der nicaraguanischen Wirtschaft ist in privaten Händen. Es ist ein Land im Wiederaufbau, das eine Reihe von Eigentümlichkeiten aufweist. Jedes Befreiungsmodell besitzt seine spezifischen Eigentümlichkeiten. Es gibt keine Kopien von Befreiungsmodellen. Obwohl Nicaragua eine Volksregierung kennt, ist es noch sehr weit davon entfernt, ein sozialistisches Land zu sein. Es ist ein armes Land, zerstört durch ein Erdbeben, durch den Krieg und durch 40 Jahre Somoza-Herrschaft; es ist ein Land, das wieder aufgebaut werden muß. Ich glaube, daß es dort in den nächsten 30 Jahren keinen eigentlichen Sozialismus geben wird. Es besteht keine andere Möglichkeit, denn Nicaragua kann auf das private Kapital nicht verzichten. Das Land verfügt weder über die Struktur noch über die Mittel noch über die Technologien, die nötig sind, damit der Staat die Produktionsmittel verwalten kann. Selbst wenn Nicaragua wegen des Druckes der USA Hilfe bei der Sowjetunion sucht – die diese dann sicher auch leistet –, könnte es sich nicht als sozialistisches Land bezeichnen. Wenn es das täte, entspräche dies nicht den Tatsachen, denn die Technologien aller Produktionsmittel des Landes stammen aus dem kapitalistischen Block. Die können nicht innerhalb weniger Jahre ersetzt werden. Es ist alles sehr kompliziert.

Wie interpretierst du die Haltung des Papstes, der ja Teile der Kirche Nicaraguas verurteilt?

Die Kirche in Nicaragua ist gespalten. Im allgemeinen sind die Ordensleute und die Laien für, die Bischöfe gegen die Revolution. Die Bischöfe sind sogar aktiv gegen die Revolution vorgegangen. Aus ihrem Mund haben wir nie ein Wort zugunsten des Friedens gehört, nie ein Wort oder ein Gebet zugunsten der im Kampf Gefallenen. Das ist ein ausgesprochen konterrevolutionäres Verhalten. Der Papst ist ein Pole und glaubt, die Bischöfe seien die Kirche. Ich würde sagen, in diesem Sinn ist er etwas vorkonziliar, denn das Zweite Vatikanische Konzil erklärt, daß das Volk Gottes die Kirche ist. Innerhalb des Volkes Gottes kommt den Bischöfen die Funktion des Dienstes und der Einheit zu. Für den Papst steht jedoch noch die vertikal und hierarchisch fixierte Vorstellung von Kirche im Vordergrund. Was geschieht dann? Wenn der Papst nach Brasilien kommt, ist das für uns sehr gut, weil bei uns viele Bischöfe an der Seite des Volkes stehen. Wenn er aber nach Nicaragua geht, falsch informiert ist und nur der Version der Bischöfe glaubt, dann spielt er das Spiel der Feinde Nicaraguas. Die Empörung des Volkes angesichts der Haltung des Papstes[1] auf dem Platz der Revolution hatte ihren Grund darin, daß dieser sich mit keinem Wort für den Frieden ausgesprochen hatte. Und das in einem Land, das von den Vereinigten Staaten offiziell angegriffen wird. Schließlich sprach der Papst auch kein Gebet für die Märtyrer und gefallenen Helden des Landes.

---

[1] Frei Betto spielt auf den Papstbesuch in Nicaragua vom 3. März 1983 an. Am Tag zuvor waren 15 von den Contras ermordete Campesinos beigesetzt worden. Die trauernden Mütter der Ermordeten hielten – einem landesüblichen Brauch entsprechend – bei der Papstmesse die Bilder der Ermordeten hoch. Als der Papst die Terrorakte der Contras mit Schweigen überging und auch kein Wort des Friedens sprach, reagierten engagierte Christen mit dem Ruf *Queremos la paz!* (Wir wollen Frieden). Der Papst fuhr sie darauf mit einem mehrmaligen *silencio!* (Ruhe) an.

Zum Verhältnis von Kirche und Politik

Kirchliche Basisgemeinden

Glaubst du, daß es innerhalb des Klerus eine Tendenz gibt, die kirchlichen Basisgemeinden zu manipulieren?
Charakteristisch für das Wachstum der kirchlichen Basisgemeinden ist die Tatsache, daß das Volk sich auf den kirchlichen Weg begeben hat, mit pastoralen Initiativen und der Arbeit in den Volksschichten. Es tut dies unterstützt von und in Gemeinschaft mit der Hierarchie. Wenn die Pastoralträger mit einer kolonialistischen Mentalität und entsprechenden Methoden arbeiten, wenn also nicht die kirchlichen Basisgemeinden, sondern sie es sind, die entscheiden, was für jene gut ist, dann wird wirklich manipuliert. Was wir jedoch in Brasilien und in Lateinamerika allgemein beobachtet haben, ist der Respekt gegenüber dem Weg und den spezifischen Eigenheiten der kirchlichen Basisgemeinden. Anfang der 60er Jahre, als die ersten kirchlichen Basisgemeinden in Brasilien auftauchten, stellten sie wegen des Priestermangels eine Ergänzung zur hierarchischen Kirche dar. Die kirchlichen Basisgemeinden organisierten sich, um die verschiedenen pfarreilichen Aufgaben zu übernehmen, und in diesem Sinne, so glaube ich, waren sie manipuliert. Jetzt besitzen sie eine eigene Charakteristik, eine eigene Form der Organisation innerhalb der Kirche, und die Pastoralträger sind Mitglieder der kirchlichen Basisgemeinden, welche die Verbindung mit der übrigen kirchlichen Gemeinschaft aufrechterhalten.
Wie siehst du das Problem einer »Basisideologie« in den kirchlichen Basisgemeinden?

Eine Basisideologie entsteht dann, wenn man glaubt, daß alles, was vom Volk kommt, schon allein dadurch, daß es vom Volk kommt, positiv ist. In Wirklichkeit ist das nicht der Fall. Das Volk ist auch ein Opfer der Ideologie der herrschenden Klassen, und es verinnerlicht Kategorien und Werte, die den Beherrschern eigen sind und folglich gegen das Volk gerichtet sind. Die Basisideologie stellt ein Risiko dar, wenn eine »Sakralisierung« des Popularen vorgenommen wird, ohne ein kritisches Bewußtsein für die Tatsache, daß das Populare Spreu und Weizen enthält. Es enthält höchst positive Aspekte, aber auch zutiefst negative; sehr oft ist beides miteinander vermengt. Eine schwierige Arbeit der Volkspädagogik besteht darin, unterscheiden zu können, wo unter negativen Aspekten manchmal positive verborgen sind. Ein sehr konkretes Beispiel: nach der Meinung einiger Leute sind bestimmte religiöse Äußerungen des Volkes Ausdruck der Entfremdung. Aber oft ist es so, daß es dem Volk dank dieser Äußerungen gelingt, seinem Widerstand gegen die Unterdrückung Nachdruck zu verleihen. Die Aufgabe der Pastoralträger sowie der Theoretiker, die das Leben der kirchlichen Basisgemeinden analysieren, ist es zu unterscheiden, welches die positiven Dimensionen in jenen Äußerungen sind, die kulturell als überholt oder überwunden gelten mögen.

Einer der großen Irrtümer der Pastoralträger, vor allem derjenigen, die aus der Mittelklasse kommen, liegt darin zu glauben, daß im Gegensatz zum Volk und den Unterdrückern nur sie nicht auf Irrwege geraten und keine Fehler begehen. Der gravierendste Fehler des Kleinbürgertums ist die Meinung, es sei immun gegenüber ideologischen und politischen Abweichungen. Deswegen sollen die Pastoralträger in der Beziehung zu den Volksgemeinden zwei Dinge vermeiden: einmal eine einseitige Basisideologie – sie sollen wissen, daß sie einen Beitrag für die Gemeinden leisten können; zum anderen ein kolonialistisches Verhalten – die Einbildung, daß sie diejenigen sind, die den Gemeinden beibringen, was gut für sie ist. Es muß eine dialektische Beziehung des Lernens und der Zusammenarbeit geschaffen werden.

Welche Rolle spielen die kirchlichen Basisgemeinden innerhalb der Kirche und der lateinamerikanischen Wirklichkeit?

Sie spielen die Rolle, die in Puebla definiert wurde. Sie kämpfen mit dem lateinamerikanischen Volk in allen Dimensionen: politisch, wirtschaftlich, gesellschaftlich und auch spirituell. In diesem Sinne helfen die kirchlichen Basisgemeinden unserem Volk, den Befreiungsprozeß wie einen biblischen Prozeß zu verstehen, wie einen Prozeß, der grundlegender Bestandteil der Verheißung und der Heilsgeschichte ist. Die Heilsgeschichte ist der Geschichte unseres Volkes nicht äußerlich; sie läuft auch nicht parallel dazu. Sie geht mitten durch das Volk hindurch; sie liefert den Leitfaden für die Geschichte unseres Volkes. Aber das nimmt man im Lichte des Glaubens wahr. Die kirchlichen Basisgemeinden sind Mittelpunkte, wo – erleuchtet durch die göttliche Offenbarung – diese Wahrnehmung möglich ist.

Laß uns nochmals zurückschauen: Was ist eine kirchliche Basisgemeinde?

Puebla charakterisiert eine kirchliche Basisgemeinde folgendermaßen: An erster Stelle steht die Tatsache, daß es sich um eine Gemeinde handelt, in der Menschen sich treffen, sich mit Namen kennen und Einrichtungen zur gegenseitigen Unterstützung aufbauen; dann ist die Gemeinde ein Ort, wo ein Geist der Einheit und der Solidarität in bezug auf ein bestimmtes Ziel herrscht. Zweitens ist von Bedeutung, daß sie kirchlich ist, nämlich ein Mittelpunkt des Glaubens, wo sich Menschen versammeln, die vor allem von ihrem Glauben motiviert sind und von der Befolgung des Wortes Jesu Christi und dort ihre Gemeinschaft mit dem Leib Christi in der Kirche leben. Drittens befinden sich die kirchlichen Basisgemeinden an der Basis, bei den

Menschen der Volksklassen, bei Menschen, die mit ihren eigenen Händen arbeiten: Hausfrauen in den Slums der städtischen Peripherie, Jugendliche, Arbeiter, Kleinbauern, Indianer... Es sind jene, die die Basis der Gesellschaft bilden, jene, die in einer grundlegenden Weise am Produktionsprozeß beteiligt sind.

In welcher Weise tragen die kirchlichen Basisgemeinden zur Entstehung eines kritischen Bewußtseins bei?

Aufgrund ihrer Lebenserfahrung sowie ihrer Praxis des Kampfes und des Wortes Gottes gehen die kirchlichen Basisgemeinden den Weg der Befreiung. Durch die Verbindung von Leben und Gottes Wort aus der Bibel eignen sie sich ein immer kritischeres Unterscheidungsvermögen an. So erkennen sie, daß die Werte des Evangeliums den Werten der herrschenden Kultur, die wir im kapitalistischen System atmen, entgegengesetzt sind. Dies ermöglicht die Entstehung eines kritischen Bewußtseins, das immer mehr jenes naive und entfremdete Bewußtsein verdrängt, welches unser Volk atmet und das seine Unterdrückung begünstigt. In diesem Sinne ist der Beitrag von Carlos Mesters, der den Gebrauch der Bibel in die Gemeinschaften des Volkes einführte, unerläßlich.

Die kirchlichen Basisgemeinden haben keinerlei parteipolitisches Bild. Führt das nicht zu einer allzu großen Betonung des individuellen Charakters von Wahlen?

Es ist nicht nur ein Recht, sondern auch eine Pflicht des Christen, politische Optionen zu treffen, einschließlich parteipolitische. Nun, es hat keinen Sinn, wenn eine kirchliche Gemeinde eine parteipolitische Entscheidung trifft, und zwar als kirchliche Gemeinde. Genauso wie es keinen Sinn hat, wenn eine politische Partei sich für ein bestimmtes religiöses Bekenntnis entscheiden würde. Wir müssen Bedingungen dafür schaffen, daß diese verschiedenen Sphären des menschlichen Lebens in einem gegenseitigen Bezug, in einer wechselseitigen Ergänzung koexistieren können, unbeschadet ihrer jeweiligen spezifischen Ausprägung. Die kirchlichen Basisgemeinden sollen ihren Mitgliedern helfen, sich mit den Bedingungen parteipolitischer Entscheidungen kritisch auseinanderzusetzen, ohne daß sie jedoch zu dieser oder jener Option gedrängt werden. Wenn sich die Mitglieder dann einmal entschieden haben, müssen die Gemeinden ihnen Hilfestellungen bieten, damit sie die parteipolitische Arbeit mit dem pastoralen Engagement in Einklang bringen können. Ich würde keine Schwierigkeiten sehen, wenn ein Leiter einer kirchlichen Basisgemeinde auch Führer einer Partei wäre. Das Problem besteht für mich nicht darin, daß eine Person Leitungsämter in beiden Bereichen innehat, da beide ihren eigenen Charakter besitzen. Für mich stellt sich die Frage folgendermaßen: Wie kann man die beiden Bereiche miteinander verbinden, ohne daß sie in unzulässiger Weise vermischt werden, ohne daß bestimmte Aktivitäten als wichtiger gelten, ohne daß Fragen in die kirchlichen Basisgemeinden hineingetragen werden, die eher parteipolitischer Natur sind, und ohne daß schließlich spezifisch pastorale Fragen in die Partei eingebracht werden. Die Herausforderung besteht wirklich darin, daß eine Synthese erreicht werden muß. Häufig sieht man in den Basisgemeinden Menschen aus dem Volk, die in der Gewerkschaft aktiv, Verantwortliche der Pastoral, Mitglieder eines Fußballvereins, Familienväter und Arbeiter sind und eine Synthese dieses Gesamts von Lebensaktivitäten herstellen, ohne daß es Probleme oder Konflikte gäbe.

Wie ist es um die Partizipation der Frau in den kirchlichen Basisgemeinden bestellt?

Die kirchlichen Basisgemeinden sind der einzige Ort in der Kirche, wo die Frau die gleichen Rechte besitzt wie der Mann; nicht die gleichen Rechte wie der Priester, sondern wie der Laie. Bei allen Kämpfen sind die Frauen genauso aktiv wie die Männer. In den Volksschichten sind die gesellschaftlichen Rollen zwischen Mann und Frau derart verteilt, daß sie zugunsten der Vorherrschaft der Männer ausfallen. Der Machismo ist dort genauso stark wie in anderen Schichten, er ist jedoch unmittelbarer, nicht so zynisch wie bei der Mittel- und Oberklasse. Das ist vor allem deswegen so, weil der Mann aus dem Volk wegen seines niedrigen Lohnes und des daraus resultierenden geringen sozialen Spielraumes nicht die Möglichkeit hat, ein Doppelleben zu führen. Während der Ehebruch des Mannes in der Mittel- oder Oberklasse hinter einer Fassade der Wohlanständigkeit verschwindet, ist er in den Schichten des Volkes kulturell akzeptiert – sehr oft auch von der Frau, die der Meinung ist, der Mann brauche seiner Natur entsprechend manchmal Beziehungen zu Prostituierten. Das heißt aber nicht, daß er bewußt akzeptiert wird. Eine Voraussetzung ist, daß der Mann nicht nach Gosse stinkend nach Hause kommt und keine Bindungen außerhalb des Hauses eingeht, welche die Familie gefährden. Ich glaube, daß die Sexualität von Frauen und Männern in den Volksschichten von einer gesellschaftlichen Begrenzung bestimmt wird, die aus der Ausbeutung bei der Arbeit hervorgeht und unter der beide leiden. So findet sich die spielerische Dimension der Sexualität bei den Volksschichten äußerst selten, weil normalerweise die ganze Familie im gleichen Zimmer lebt. Um auf den Machismo zurückzukommen: ich glaube, daß dieser vielleicht dasjenige kulturelle Problem ist, das am schwierigsten innerhalb eines kurzfristen Zeitraums gelöst werden kann. Ich habe zwei Gesellschaften kennengelernt, in der Mann und Frau die gleichen Rechte haben – eine im Bereich des Sozialismus, Kuba, und die andere im Bereich des Kapitalismus, Schweden. Am stärksten beeindruckt hat mich in diesen Gesellschaften jedoch die Tatsache, daß ich eine Macht der Männerherrschaft feststellen mußte, die in einem bestimmten Sinne viel größer ist als bei uns.

Volksbewegungen

Du arbeitest seit vielen Jahren mit Volksbewegungen zusammen – eine faszinierende, aber auch sehr mühevolle Tätigkeit. Erzähl doch ein wenig von dieser Arbeit!
Die Armen stellen ein natürliches Millieu für die Verwirklichung eines christlichen Lebensentwurfs dar. Da Christus unter den Armen geboren war, mit ihnen zusammen lebte und von ihrer Perspektive aus zu allen Menschen sprach, hat er eine deutliche Option getroffen. Ich spüre, daß es die Armen sind, die mir das Evangelium verkünden, mich in Frage stellen und mir neue Nahrung geben. Je weiter ich mich von ihnen entferne, desto stärker sehe ich mich bedroht von dieser ganzen zynischen Ideologie der konsumorientierten Mittelklasse mit ihren Interessen, ihrer Trennung zwischen Öffentlichem und Privatem und ihrer völligen Fixierung auf sich selbst. Es vollzieht sich ein sehr positiver Austausch: Die Armen läutern mich, und ich helfe ihnen, sich zu organisieren und sich ihrer Situation bewußt zu werden. Die Veränderung der brasilianischen Gesellschaft kommt entweder von unten oder überhaupt nicht. Sie kommt von jenen, die heute noch in den Höhlen unseres politischen Systems verborgen leben und die, wenn sie sich einmal organisiert haben, das gesellschaftliche Antlitz des Landes verändern werden. Ich will meinen Beitrag zu dieser Organisierung leisten.
Es klingt vielleicht nach Demagogie, wenn man sagt, daß heute wenige Brasilianer auf Kosten von 100 Millionen Elenden einen außerordentlich hohen Lebensstandard genießen. Aber mir genügen die offiziellen Daten: Jeden Tag sterben tausend Kinder unter einem Jahr an Unterernährung. Das sind 360 000 Kinder im Jahr. Ein Genozid!
Später heißt es dann, diese Daten seien von kommunistischen Pfarrern erfunden worden und außerdem seien die sozialistischen Länder voll von politischen Gefangenen. Die sozialistischen Länder sind uns indessen, was die

Lebensbedingungen angeht, um tausend Jahre voraus. Eine andere beeindruckende Zahl stammt vom Generalstabschef der Streitkräfte – also eine ziemlich offizielle Zahl. In einer Rede an der Militärakademie erklärte er, daß wir heute 69 Millionen Brasilianer unter 19 Jahren haben und daß 30 Millionen davon weder in einer Familie leben noch Arbeit haben noch eine Schule besuchen. Diese Kinder werden wir wieder an der Jahrtausendwende als Erwachsene treffen. Aus meinem Glauben an Jesus heraus möchte ich dabei helfen, die Saat auszustreuen, die diese Situation des Elends ändern kann.

Welche Rolle spielen die politischen Avantgarden im heutigen Brasilien?

Es ist wichtig, daß die Volksbewegung dabei unterstützt wird, wirkliche und authentische Avantgarden heranzubilden. Was Führungsgruppen angeht, ist unser Volk ein Waisenkind. Wir haben keine geschichtlichen Vorbilder. Ideen können nämlich nur dort in gesellschaftliche und politische Prozesse umgesetzt werden, wo es gelingt, sie zu materialisieren und in bestimmten Menschen und Bewegungen Gestalt werden zu lassen. Unsere Aufgabe besteht darin, der Volksbewegung zu helfen, daß sie sich als Avantgarde organisieren, ihre Führungspersönlichkeiten hervorbringen und die Führung dieses Landes übernehmen kann.

Befreiungstheologie und Sozialismus

Hattest du schon vor deinem Eintritt in den Orden Verbindungen zu einer klar definierten Gruppe von Linken?

Ja, ich hatte Verbindungen zu linken Gruppen, und zwar während meinen studentenpolitischen Aktivitäten in Belo Horizonte, vor dem Putsch von 1964. Ich hatte damals gute Kontakte mit Leuten aus der kommunistischen Partei. Später arbeitete ich eng mit Vertretern der *Ação Popular* (Volksaktion)[1] zusammen. Nach dem Putsch knüpfte ich

Kontakte zu Mitgliedern der *Ação Libertadora Nacional* (Nationale Befreiungsaktion), deren Kommandant Marighella[2] war. Ich bin kommunistischen Genossen immer sehr nahe gestanden. Wie es rechte und linke Christen gibt, so existieren auch rechte und linke Kommunisten. Die Tatsache, daß einer ein Kommunistenhemd trägt, bedeutet noch lange nichts, ebenso wie es nichts bedeutet, wenn jemand ein Christenhemd trägt. Der Beweis dafür ist die kommunistische Partei Argentiniens, die während der schlimmsten Zeit der Diktatur immer legal war.

Was ist dieser rechte Kommunismus?
In Brasilien zum Beispiel sind es jene, die an den fortschrittlichen und nationalistischen Charakter des Bürgertums glauben. Es genügt, die Zeitungen anzusehen, um zu wissen, von wem ich rede. Leute, die an die demokratische Regierung von São Paulo und von Minas Gerais glauben. Marilena Chauí hat es so beschrieben: »Angesichts dieser Leute brauchen wir nicht einmal eine Rechte!«

Vertritt die Befreiungstheologie eine klar umrissene Position in bezug auf den Sozialismus?
Für die Befreiungstheologie geht es nicht darum zu diskutieren, ob der Sozialismus besser oder schlechter ist. Das grundlegende Kriterium der Befreiungstheologie besteht darin, daß sich die Christen immer an der Seite des Volkes, der Arbeiter und der Opfer der Ungerechtigkeit engagieren müssen. Wenn die Kirche sich in einem System befindet, wo der Staat, die Regierung gegen das Volk ist, wird es offensichtlich zu Konflikten zwischen Kirche und Staat kommen. Der Konflikt zwischen Kirche und Staat in Brasi-

---

[1] Die *Ação Popular* stellte eine Gruppe von linken Christen und Nichtchristen dar, die sich 1962 nach ideologischen Auseinandersetzungen von der JUC, der Studentenorganisation der Katholischen Aktion, abgespalten hatte.

[2] Der Marxist Carlos Marighella war der Stratege der Stadtguerilla. Frei Betto war 1969 in Zusammenhang mit den Ereignissen, die zur Tötung Marighellas durch die Polizei führte, festgenommen worden.

lien existiert nicht wegen der Kirche an sich, sondern wegen des Engagements der Kirche auf der Seite der Volksklassen. Wenn die Kirche dagegen in einem System lebt, wo der Staat die Volksinteressen vertritt, muß es im Prinzip keinen Konflikt geben. Es läßt sich nicht bestreiten, daß der Sozialismus, zumindest für die Befreiungstheologie, in seinen theoretischen Grundlagen und in vielen seiner praktischen Erungenschaften viel stärker dem Evangelium entspricht als der Kapitalismus. Da es zum Wesen des Kapitalismus gehört, den Vorrang des Kapitals vor der Arbeit zu verteidigen, bedeutet er die Negation der Werte des Evangeliums, denn er stellt das Reich des Egoismus dar, und der Egoismus ist der Kern der Sünde. Der Sozialismus verkörpert ein Projekt des Aufbaus der Geschwisterlichkeit unter den Menschen. So sehr man auch diese oder jene sozialistische Erfahrung kritisieren kann, ist es dennoch unleugbar, daß in jedem sozialistischen System die Armen von früher jetzt die Würde besitzen, die der Kapitalismus ihnen abspricht. Im Sozialismus sind die grundlegenden Menschenrechte gesichert: Nahrung, Bildung, Gesundheit und Wohnung. Auch wenn diese in einigen kapitalistischen Ländern Mittel- und Westeuropas und in den USA für die Mehrheit der Bevölkerung garantiert werden, so geschieht dies nur auf Kosten des Elends der Länder in der Dritten Welt.

Der Sozialismus stellt daher für die Befreiungstheologie ein utopisches Projekt dar, und zwar im guten Sinne des Wortes. Aber unsere Utopie erschöpft sich nicht in irgendeinem sozialistischen Projekt. Sie geht darüber hinaus, denn die Kategorie des Reiches Gottes auf Erden, die wir benutzen, erlaubt es uns, in allen gesellschaftlichen Prozessen wach und aktiv zu bleiben. Mit anderen Worten: aus christlicher Sicht werden wir durch den Sozialismus, den Kommunismus, den Utopismus und ich weiß nicht durch wie viele »Ismen« hindurchgehen, bis das erreicht ist, was wir das Reich Gottes nennen. Dieses ist kein Ort, den man an einem bestimmten historischen Datum erreichen kann, es bedeutet die permanente Dynamik der Überwindung wirtschaftlicher, politischer und persönlicher Widersprüche beim Aufbau des neuen Mannes und der neuen Frau. Prinzipiell kann ein Christ also nie mit einem politischen, gesellschaftlichen und wirtschaftlichen Projekt zufrieden sein.

Was sagst du zu den Behauptungen, wonach der »Partido dos Trabalhadores« (Arbeiterpartei) mit der progressiven Kirche liiert sei?

Wenn jemand behauptet, die Kirche sei der *Partido dos Trabalhadores,* dann entspricht das einem verbreiteten Vorurteil, das nicht mit den Untersuchungen übereinstimmt, die wir durchgeführt haben, um die parteipolitischen Präferenzen der Leute an der Basis der Kirche zu erheben. Im Nordosten ist es der *Partido do Movimento Democrático Brasileiro* (Partei der Brasilianischen Demokratischen Bewegung)[3], in Araguaia ebenfalls, in Rio Grande do Sul gehören Leute dem *Partido Democrático Trabalhista* (Demokratische Arbeiterpartei)[4] an. Beim 5. Treffen der kirchlichen Basisgemeinden in Canindé im Bundesstaat Ceará waren 23% der Teilnehmer Mitglieder des *Partido dos Trabalhadores,* was nicht einmal einem Viertel der Delegierten entsprach und dennoch die höchste Mitgliederzahl darstellte. Ich halte es für gut, daß man den Raum der Kirche und den Bereich der Partei nicht miteinander verwechselt. Die Kirche darf nicht zum Übermittlungskanal der Partei werden und umgekehrt. Es gibt vier Bereiche in der zivilen Gesellschaft Brasiliens, die sich autonom halten und gleichzeitig ergänzen müssen, ohne

---

[3] Der *Partido Movimento Democrático Brasileiro* (PMDB), die Nachfolgeorganisation der ehemaligen unter der Militärregierung gegründeten Oppositionspartei MDB, konnte bei den Wahlen zur Verfassunggebenden Versammlung im November 1986 die meisten Stimmen auf sich vereinen. Bei den Kommunalwahlen im November 1988 mußte sie jedoch große Verluste zugunsten der Linksparteien hinnehmen.

[4] Eine dem Gouverneur von Rio nahestehende Linkspartei.

daß der eine den anderen aufsaugen oder ausschließen darf. Es sind dies die Volksbewegung, die Gewerkschaftsbewegung, die Bewegung der Kirche und die Parteien. Wenn es uns gelingt, die Autonomie und die Besonderheit eines jeden dieser Bereiche beizubehalten, werden wir eine bedeutende gesellschaftliche und politische Kraft werden.

Verschuldungskrise

Zu den Auslandsschulden, Frei Betto. Warum sollen wir sie deiner Meinung nach nicht bezahlen?
Angenommen, du hast heute ein wenig Geld, was machst du damit? Du legst es auf einem Sparbuch an, denn dein Geld bringt dir dort Zinsen. Nun, die Bank macht genau das gleiche. Die schweizerischen, amerikanischen, französischen und englischen Banken, sie alle haben viel Geld in ihren Kassen. Was ist das Sparbuch der Banken in der Ersten Welt? Es sind die Länder der Dritten Welt. Die Banken zahlten ihr Geld in Form von Darlehen bei uns ein und verlangen Zinsen dafür – die Brasilien heute nicht mehr zahlen kann. Brasilien hat Darlehen über 112 Milliarden Dollar aufgenommen. Und es hat zwischen 1970 und 1987 157 Milliarden Dollar allein an Zinsen und Amortisationen bezahlt.
Nun sind wir aber nicht die Schuldner, sondern die Gläubiger. Wir sind diejenigen, die Gelder ausleihen und das internationale Bankensystem unterhalten. Wenn wir aufhören zu zahlen, wird dieses Bankensystem in eine Krise geraten. Aber wir haben nicht die politische Macht, die Zahlungen einzustellen. Brasilien ist der typische Fall eines Schwanzes, der mit dem Hund wedelt; es ist nicht der Hund, der mit dem Schwanz wedelt. Denn das ganze Land lebt in Abhängigkeit von diesem Verschuldungsproblem. Wir hätten die Möglichkeit, uns davon zu befreien, wenn wir Beziehungen zwischen uns und den übrigen Ländern

Lateinamerikas aufbauten, und zwar so, daß Brasilien nicht nur den Druck überleben würde, den die Länder der Ersten Welt im Falle der Aufkündigung der Auslandsschulden auf unser Land ausüben würden, sondern auch die Kraft hätte, möglichen Vergeltungsmaßnahmen gegenüber Widerstand zu leisten. Angenommen, eine französische Bank droht Brasilien morgen mit Vergeltungsmaßnahmen. Es genügt, daß Brasilien den französischen Konzern Rhodia verstaatlicht. Ich garantiere, die französische Regierung wird mit der brasilianischen Regierung reden. Wenn eine amerikanische Bank Druck ausübt, muß Brasilien bloß die Ford-Werke in São Bernardo do Campo verstaatlichen, damit ein Gespräch zustande kommt. Wir wären objektiv zum Widerstand fähig, besitzen jedoch nicht die politische Macht, dem Schuldenproblem die Stirn zu bieten. Brasilien ist wirklich ein Gläubigerland. Immer wurden wir ausgeplündert. Stets haben wir unsere Reichtümer anderen Nationen überlassen. Mit dem Gold von Minas Gerais wurde London wieder aufgebaut und die Entwicklung Portugals ermöglicht. Wir wurden ausgeraubt, ausgeplündert.

Du hast in Moskau am Forum gegen die atomare Bewaffnung und für das Überleben der Menschheit teilgenommen. Wie beurteilst du diese Initiative Gorbatschows?
Gorbatschow bewirkt tatsächlich eine große Öffnung im Land. Diese wischt den Staub der stalinistischen Epoche weg, die in gewisser Form noch bis in die Ära Breschnjew reichte, und führte vor allem die Vorstellung ein, daß die Demokratie für den Aufbau des Sozialismus wesentlich ist. Ebenso werden Korruption und Unsitten streng bestraft. Beispielsweise wurde vor mehr als einem Jahr das »Nüchternheitsgesetz« eingeführt. Es besagt keineswegs, daß niemand Alkohol trinken darf. Aber es ist sehr schwierig, solchen zu beschaffen. Damit sank die Scheidungsrate innerhalb eines Jahres um 50% und die Kriminalität um 26%. Korrupte Staatsbürger werden bestraft, egal welche

Position sie innehaben. Kunstwerke, die unter der Zensur verboten waren, können frei gezeigt werden. Ich habe den Film *Reue* gesehen, der eine scharfe Kritik am Stalinismus darstellt. Die Sowjetbürger kannten alle Werke von Boris Pasternak, darunter *Doktor Schiwago*. Die große Frage ist die, welchen politischen Rückhalt Gorbatschow hat, um diesen Öffnungsprozeß weiterführen zu können. Was wird geschehen, wenn er Hand an die Streitkräfte legt oder an den KGB? Jedenfalls hat die Sowjetunion ein ernsthaftes Interesse daran, den Rüstungswettlauf so weit wie möglich zu stoppen. Mit dem Rüstungswettlauf der Sowjetunion verhält es sich wie mit den Zinsen der Auslandsschulden für Brasilien: eine unnütze Verschwendung von Geldern, die für die Verteidigung aufgewendet werden müssen. Deswegen will die Sowjetunion den Waffenarsenalen wirklich ein Ende bereiten und sie zerstören. Gorbatschow hat bekannte Persönlichkeiten aus der ganzen Welt nach Moskau gerufen, um zu zeigen, daß die Sowjetunion ehrlich um den Frieden bemüht ist.

Frei Betto

Nachtgespräche mit Fidel

Autobiographisches – Kuba – Sozialismus –
Christentum – Theologie der Befreiung

Edition Exodus 1986; 3. Auflage, 295 Seiten, DM 27,80 / Sfr 24,80

»Das Buch ist eine Geschichte der kubanischen Revolution, wie sie von dem Mann erzählt wird, der die besten Kenntnisse und die größte Autorität hat, sie zu erzählen. Es ist zugleich ein sehr persönliches Buch. – All seine kritischen Analysen, die er von der Religion macht, stammen von jemandem, der die revolutionäre Substanz des Christentums und der Kirche der ersten Jahrhunderte freilegen will.«   *Dorothee Sölle in: Die Zeit*